Jean Madingar

Le Retour de Jésus-Christ

Jean Madingar

Le Retour de Jésus-Christ

Mises en garde de la Bible au Monde

Éditions Croix du Salut

Impressum / Mentions légales
Bibliografische Information der Deutschen Nationalbibliothek: Die Deutsche Nationalbibliothek verzeichnet diese Publikation in der Deutschen Nationalbibliografie; detaillierte bibliografische Daten sind im Internet über http://dnb.d-nb.de abrufbar.
Alle in diesem Buch genannten Marken und Produktnamen unterliegen warenzeichen-, marken- oder patentrechtlichem Schutz bzw. sind Warenzeichen oder eingetragene Warenzeichen der jeweiligen Inhaber. Die Wiedergabe von Marken, Produktnamen, Gebrauchsnamen, Handelsnamen, Warenbezeichnungen u.s.w. in diesem Werk berechtigt auch ohne besondere Kennzeichnung nicht zu der Annahme, dass solche Namen im Sinne der Warenzeichen- und Markenschutzgesetzgebung als frei zu betrachten wären und daher von jedermann benutzt werden dürften.

Information bibliographique publiée par la Deutsche Nationalbibliothek: La Deutsche Nationalbibliothek inscrit cette publication à la Deutsche Nationalbibliografie; des données bibliographiques détaillées sont disponibles sur internet à l'adresse http://dnb.d-nb.de.
Toutes marques et noms de produits mentionnés dans ce livre demeurent sous la protection des marques, des marques déposées et des brevets, et sont des marques ou des marques déposées de leurs détenteurs respectifs. L'utilisation des marques, noms de produits, noms communs, noms commerciaux, descriptions de produits, etc, même sans qu'ils soient mentionnés de façon particulière dans ce livre ne signifie en aucune façon que ces noms peuvent être utilisés sans restriction à l'égard de la législation pour la protection des marques et des marques déposées et pourraient donc être utilisés par quiconque.

Coverbild / Photo de couverture: www.ingimage.com

Verlag / Editeur:
Éditions Croix du Salut
ist ein Imprint der / est une marque déposée de
OmniScriptum GmbH & Co. KG
Heinrich-Böcking-Str. 6-8, 66121 Saarbrücken, Deutschland / Allemagne
Email: info@editions-croix.com

Herstellung: siehe letzte Seite /
Impression: voir la dernière page
ISBN: 978-3-8416-9908-4

Copyright / Droit d'auteur © 2014 OmniScriptum GmbH & Co. KG
Alle Rechte vorbehalten. / Tous droits réservés. Saarbrücken 2014

« Mes enfants, la dernière heure a commencé. Vous avez appris qu'un « anti-Christ » doit venir. Or, dès à présent, beaucoup d'antichrists sont là. Voilà pourquoi nous savons que nous sommes entrés dans la dernière heure. »
1 Jean 2 :18

SOMMAIRE

Introduction générale	**Page 4**
I. Etudes des concepts.	**Page 7**
A. Le Seigneur Jésus-Christ	**Page 7**
1. Le nom de Jésus	Page 7
2. Qui est Jésus ?	Page 9
3. Les prophéties sur la venue de Jésus sur la terre	Page 10
4. La vie de Jésus	Page 12
B. Eglise	**Page 15**
1. Etymologie	Page 15
2. L'Eglise est comparée aux Israélites qui sortirent d'Egypte	Page 15
3. L'Eglise est comparée au corps humains, avec ses diverses fonctions	Page 15
4. L'Eglise est comparée à un temple saint	Page 16
5. L'Eglise est comparée à l'épouse unie en un mariage d'amour au Christ	Page 16
6. L'Eglise est comparée à une vierge chaste	Page 16
C. Satan	**Page 17**
1. Qui est Satan ?	Page 17
2. Où est Satan maintenant ? et quelle est son œuvre présente ?	Page 18
3. Les démons et la possession par les démons	Page 21

« Mes enfants, la dernière heure a commencé. Vous avez appris qu'un « anti-Christ » doit venir. Or, dès à présent, beaucoup d'antichrists sont là. Voilà pourquoi nous savons que nous sommes entrés dans la dernière heure. »
1 Jean 2 :18

D. Antichrist/Antéchrist — **Page 23**
   1. Etymologie — Page 23
   2. Qu'est ce que l'Antichrist ? — Page 24
   3. L'Antichrist sera-t-il réellement une personne ? — Page 24
   4. Une description détaillée de l'Antichrist — Page 26
   5. Les faits et la finalité de l'Antichrist — Page 30

II. **Mises en garde de la Bible vis-à-vis des Enfants de Dieu face à l'antichrist.** — **Page 37**
   1. Chrétien face au Monde mauvais et aux Antichrists — Page 37
   2. Distinguez les vrais prophètes des prophètes de mensonge — Page 38
   3. Objet de la lettre : avertir contre les faux docteurs — Page 39
   4. Mise en garde contre les faux apôtres — Page 41
   5. Les faux docteurs et le sort qui les attend — Page 41
   6. La fidélité à la vérité — Page 42
   7. Vous êtes bien enseignés : L'enfant de Dieu ne s'adonne pas au péché — Page 43
   8. Le Commandement d'aimer — Page 44
   9. Progresser sur le fondement de votre foi très sainte — Page 45
   10. Comment pouvons-nous échapper à un tel adversaire et le vaincre ? — Page 46

III. **Le retour de Jésus-Christ** — **Page 49**
   1. Apocalypse — Page 49
   2. La promesse du retour du Seigneur. — Page 50
   3. Avant son retour certaines prophéties doivent se réaliser — Page 52
   4. Au moment de son retour — Page 56
   5. L'enlèvement — Page 60
   6. Ce qui va se passer après l'enlèvement de l'Eglise — Page 63
   7. L'établissement du règne de mille ans : le Millénium — Page 68
   8. La bataille d'Harmaguedon — Page 69
   9. La destruction de la puissance de Satan — Page 76
   10. Le jugement du grand trône blanc et la dernière résurrection — Page 76
   11. Le nouveau ciel et la nouvelle terre — Page 77
   12. Dieu tout en tous — Page 78

« Mes enfants, la dernière heure a commencé. Vous avez appris qu'un « anti-Christ » doit venir. Or, dès à présent, beaucoup d'antichrists sont là. Voilà pourquoi nous savons que nous sommes entrés dans la dernière heure. »
1 Jean 2 :18

Conclusion générale   **Page 79**

Bibliographie   **Page 80**

« Mes enfants, la dernière heure a commencé. Vous avez appris qu'un « anti-Christ » doit venir. Or, dès à présent, beaucoup d'antichrists sont là. Voilà pourquoi nous savons que nous sommes entrés dans la dernière heure. »
1 Jean 2 :18

INTRODUCTION GENERALE

Nous nous posons assez de questions ces derniers temps. Les incertitudes et les inquiétudes en l'avenir sévissent partout dans le monde entier. Nous sommes ballottés entre les vents de terribles événements et phénomènes inimaginables. Nous sommes gagnés par la peur, le doute voire l'apostasie. Les cœurs des hommes s'endurcissent et leurs pensées sont tenues prisonnières des attraits de ce monde. Le mal devient plus que dominant de part le monde entier. Des maladies incurables sont multiples et se propagent. Les lobbies dangereux et les sectes pernicieuses sont légions et florissants. Les familles sont disloquées. Les enfants haïssent leurs parents. Le lien sacré du mariage est de plus en plus contesté et complètement renversé. L'industrie de l'imagination, du loisir, de la criminologie, du plaisir de tout genre sont formalisées. Voilà succinctement tout ce qui se passe dans le monde au sein duquel nous vivons de nos jours.

Pourtant l'Apôtre Paul avait dit : « *Au sujet de la venue de notre Seigneur Jésus – Christ et de notre rassemblement auprès de lui, nous vous le demandons, frères : ne vous laissez pas si facilement ébranlés dans votre bon sens, ni troubler par une révélation, un message ou une lettre qu'on nous attribuerait, et qui, prétendrait que le jour du Seigneur serait déjà là. Que personne ne vous égare d'aucune façon. Car ce jour n'arrivera pas avant qu'éclate le grand rejet de Dieu, et qu'apparaisse l'homme de la révolte qui est destiné à la perdition, l'adversaire qui s'élève au-dessus de tout ce qui porte le nom de dieu, et de tout ce qui est l'objet d'une vénération religieuse. Il ira jusqu'à s'asseoir dans le temple de Dieu en se proclamant lui-même dieu*[1].»

En effet, je ne suis pas partie de moi-même, ni me suit contenté de ce que j'ai reçu ou connu pour me mettre à faire cette œuvre. Ce que Dieu fait est toujours inimaginable. Qui suis-je ? De quel titre j'émane ? Aucune importance. Je peux être sûr d'une chose, c'est que Dieu nous parle et nous utilise selon sa volonté pour

---
[1] 2 Thessaloniciens 2 : 1 - 4

« Mes enfants, la dernière heure a commencé. Vous avez appris qu'un « anti-Christ » doit venir. Or, dès à présent, beaucoup d'antichrists sont là. Voilà pourquoi nous savons que nous sommes entrés dans la dernière heure. »
1 Jean 2 :18

accomplir ses œuvres. Cette profonde conviction je l'avais reçu au moment j'avais reçu un enseignement sur le retour de Christ. Ce qu'il m'a enseigné et profondément inspiré par son Esprit, je dois le transmettre aux autres, à tous ceux qui confessent son Nom et qui le cherche.

En prélude du titre de cette œuvre : « **Quand Jésus reviendra : Les enjeux de la Jeunesse Chrétienne face à l'antichrist** », nous voulons tirer l'attention particulière des enfants de Dieu de ce que la Bible a été et est claire sur le retour imminent de Jésus-Christ. Nous devons nous inspirer des révélations de la Bible et demeurer vigilants. L'intérêt pour un enfant de Dieu de connaitre ces choses est capital puisse qu'il lui permet de suivre la voix du Salut avec une grande certitude et une foi indéfectible envers Dieu en dépit de toutes formes de tribulations.

Avant d'aborder la question sur le retour de Christ, il serait judicieux de connaitre mieux Jésus-Christ dans tous les contours. Cela ne sera pas aussi vain de connaitre exactement son pire adversaire, le diable et toutes ses manœuvres. Ces deux aspects de choses nous situeraient mieux afin de faire la part des choses. Ce qui nous permettra sans doute à nous inspirer des conduites à tenir en tant qu'enfant de Dieu. Ensuite, bien que Jésus-Christ lui-même a dit qu'il ne connait ni l'heure, ni le jour de son retour mais seul son Père, il avait affirmé qu'il revient. Ceci est confirmé par les événements prédit dans la Bible qui précéderont son retour.

L'œuvre est repartie en trois grandes parties allant de l'Etude des Concepts (I) qu'il s'agit de connaitre qui est le Seigneur Jésus ? Qu'est ce que l'Eglise ? Qui est Satan et l'antichrist ?, ensuite, aux Mises en garde de la Bible vis-à-vis des Enfants de Dieu face à l'antichrist (II) et enfin au Retour de Christ (III).

Demeurant fidèle aux extraits des textes bibliques, nous tenons à préciser que ce document est le fruit des recherches documentaires synthétiques très denses et variés agrémenté par des illustrations. Pour ce qui est de la Bible, nous avions utilisé la Version Semeur.

« Mes enfants, la dernière heure a commencé. Vous avez appris qu'un « anti-Christ » doit venir. Or, dès à présent, beaucoup d'antichrists sont là. Voilà pourquoi nous savons que nous sommes entrés dans la dernière heure. »
1 Jean 2 :18

Notre souhait est qu'à la fin de la lecture de cette œuvre, que vous soyez éclairés davantage par l'Esprit de Dieu de ces choses. Que vos vies spirituelles soient continuellement renouvelées et transformées par l'Esprit de Dieu, que vous portez l'Evangile de Jésus en tout temps et en tout lieu et vos pensées soient stables et s'approfondissent dans la foi en Dieu et sa Parole.

Munissez vous de votre Bible et Puisse la plénitude du Saint Esprit vous guider et éclairer durant la lecture de cette œuvre.

« Mes enfants, la dernière heure a commencé. Vous avez appris qu'un « anti-Christ » doit venir. Or, dès à présent, beaucoup d'antichrists sont là. Voilà pourquoi nous savons que nous sommes entrés dans la dernière heure. »
1 Jean 2 :18

I. ETUDES DES CONCEPTS

Nous verrons dans cette première partie, qui est le Seigneur Jésus-Christ (A), qu'est ce que l'Eglise (B), qui est Satan ? (C) et qui est l'Antichrist ?(D) de façon la plus détaillée et claire possible. L'objectif ici est de mieux appréhender ces choses avant de comprendre la question du retour de Christ.

A. LE SEIGNEUR JESUS-CHRIST

1. LE NOM DE JESUS

Le Seigneur Jésus-Christ est appelé dans la Parole de Dieu « l'Oint de Dieu ».

En effet, la venue de Dieu dans le monde sous une forme humaine fut annoncée dès la chute. Il devait s'incarner pour mourir à la place de l'humanité coupable. Son nom « officiel » est en hébreu « LE MESSIE », en grec « CHRISTOS » et signifie « l'OINT ». Son nom d'homme est, en hébreu « JEHOSHUA », en grec « JESUS » et signifie « SAUVEUR ».

D'autres noms donnés à Christ dans la Bible nous révèlent son caractère avec plus de précision encore :

- Emmanuel « Dieu avec nous »[2] ;

- La Parole[3] : du grec « Logos » qui signifie : « un concept » ou une « pensée ».

---

[2] Esaïe 7 :14

[3] 1 Corinthiens 1 : 24

« *Mes enfants, la dernière heure a commencé. Vous avez appris qu'un « anti-Christ » doit venir. Or, dès à présent, beaucoup d'antichrists sont là. Voilà pourquoi nous savons que nous sommes entrés dans la dernière heure.* »
1 Jean 2 :18

- « *Il est vêtu d'un manteau trempé de sang. Il s'appelle la Parole de Dieu.* » ***Apocalypse 19 :13***

- «*Au commencement était celui qui est la Parole de Dieu. Il était avec Dieu, il était lui-même Dieu.* » **Jean 1 :1**

- <u>Notre Seigneur</u> : du grec »Kurios » qui signifie : « Maître » et de l'hébreu « adonai ».

  - « *Mais loué soit Dieu qui nous donne la victoire par notre Seigneur Jésus-Christ.* » **1 Corinthiens 15 : 57**[4]

- <u>Fils de l'Homme</u> : expression[5] qui exprime son humanité.

  - « *Jésus lui répondit : - Les renards ont des tanières et les oiseaux du ciel des nids ; mais le Fils de l'homme n'a pas d'endroit où reposer sa tête.* » **Matthieu 8 :20**[6]

- <u>Fils de Dieu</u> : titre divin du Christ et preuve de sa divinité.

  - « *En même temps, une voix venant du ciel fit entendre ces paroles : - celui-ci est mon fils bien-aimé, celui qui fait toute ma joie.* »

---

[4] Luc 10 :1 ; Romains 1 : 5

[5] Elle employée 80 fois dans le Nouveau Testament.

[6] Matthieu 27 : 43-44 ; Luc 19 : 10 ; Jean 3 : 13

« *Mes enfants, la dernière heure a commencé. Vous avez appris qu'un « anti-Christ » doit venir. Or, dès à présent, beaucoup d'antichrists sont là. Voilà pourquoi nous savons que nous sommes entrés dans la dernière heure.* »
1 Jean 2 :18

- **Matthieu 3 : 17** /« *Le tentateur s'approcha et lui dit : - si tu es le Fils de Dieu, ordonne que ces pierres se changent en pains.* » **Matthieu 4 :3**[7]

2. QUI EST JESUS ?

En fait, dans le Dieu unique, il y'a trois personnes distinctes : Père, Fils et Saint-Esprit. Ce mystère s'appelle la « Trinité ». Le nom de « Elohim[8] » donné à Dieu est un pluriel. Il renferme le caractère transcendant (élevé, sublime) de la Divinité et confirme le fait de la trinité. Les apparitions du Christ dans l'Ancien Testament prouvent que Dieu peut s'incarner : « *Quand à moi, je vais me tenir là devant toi sur un rocher du mont Horeb ; tu frapperas le rocher, de l'eau en jaillira et le peuple pourra boire.* » **Exode 17 :6** et « *Mais celui qui boira de l'eau que je lui donnerai deviendra en lui une source intarissable qui jaillira jusque dans la vie éternelle.* » **Jean 4 : 14**. Dans l'Ancien Testament, c'est Dieu qui agissait bien qu'Il soit lui-même Jésus et le Saint-Esprit. A travers ses prophètes, Dieu annonçait la venue de Jésus-Christ comme le sauveur du monde. Toute l'histoire de sa naissance, de sa mission ici-bas, de sa mort et de sa résurrection a été révélée par Dieu aux hommes. Jésus nous dit dans l'évangile de Jean ceci : « *- le chemin, répondit Jésus, c'est moi, parce que je suis la vérité et la vie. Personne ne va au Père sans passer par moi. Si vous me connaissez, vous connaitrez aussi mon Père. Et maintenant déjà vous le connaissez, vous l'avez même vu.* » **Jean 14 : 6 - 7**

Toutes les nations du monde devaient être bénies en lui. Il est le « Roi des rois et le Seigneur des Seigneurs » ainsi que « l'Admirable, le Dieu puissant, le Prince de Paix ».

7Marc 15 : 39 ; Luc 1 :35, 22 :70 ; Jean 1 :14, 3 :16 ; Philippines 2 :5-11 ; Tite 2 :13 ; Apocalypse 2 : 18

8Le Tout-Puissant (mot pluriel qui qualifie la Trinité). Ce mot est employé 2 500 fois dans l'Ancien Testament. Genèse 1 :1.

« Mes enfants, la dernière heure a commencé. Vous avez appris qu'un « anti-Christ » doit venir. Or, dès à présent, beaucoup d'antichrists sont là. Voilà pourquoi nous savons que nous sommes entrés dans la dernière heure. »
1 Jean 2 :18

3. LES PROPHETIES SUR LA VENUE DE JESUS SUR LA TERRE

Dans tout l'Ancien Testament, les allusions au Messie qui devait venir sont très nombreuses :

- Par l'intermédiaire de Jacob lorsqu'il bénit ses fils qui composèrent les douze tribus d'Israël : « *Le sceptre ne s'écartera pas de Juda, et l'insigne de chef ne sera pas ôté d'entre ses pieds jusqu'à la venue de celui auquel ils appartiennent et à qui tous les peuples rendront obéissance*[9]. » **Genèse 49 :10**[10]

- Par l'intermédiaire de Balaam le devin lorsque l'Esprit de Dieu vint sur lui et il prononça son oracle sur Israël : « *Je le vois bien, mais ce n'est pas pour maintenant, je le contemple, mais non de près ; un astre monte de Jacob, un sceptre surgit d'Israël ; il brise les flancs de Moab, il abat tous les fils de Seth.* » **Nombre 24. 17**

- Par l'intermédiaire de David le Roi d'Israël : « *Déclaration de l'Eternel. Il dit à mon Seigneur : « Viens siéger à ma droite jusqu'à ce que j'aie mis tes ennemis comme escabeau sous tes pieds.* » **Psaumes 110 :1**

- Par l'intermédiaire d'Esaïe, le Prophète de Juda : « *Car pour nous un enfant est né, un fils nous est donné. Et il exercera l'autorité royale, il sera appelé Merveilleux Conseiller, Dieu fort, Père à jamais et Prince de la Paix. Il étendra sans fin la souveraineté et donnera la paix qui durera toujours au trône de David et à tout son royaume. Sa royauté sera solidement fondée sur le droit et sur la justice, dès à présent et pour l'éternité. Voilà ce que fera le Seigneur des armées célestes dans son ardent amour.*» **Esaïe 9 : 5-6**;

---

9 Nom diversement traduit : *le Pacifique, le Dominateur, l'Envoyé*. Cette prophétie est généralement rapportée au Messie qui naitra de la tribu de Juda.

10 Genèse 3: 15, 12:3, 17: 9, 28: 14

« Mes enfants, la dernière heure a commencé. Vous avez appris qu'un « anti-Christ » doit venir. Or, dès à présent, beaucoup d'antichrists sont là. Voilà pourquoi nous savons que nous sommes entrés dans la dernière heure. »
1 Jean 2 :18

- « *C'est pourquoi, ainsi parle le Seigneur, l'Eternel : je vais placer en Sion, une pierre servant de fondation, une pierre éprouvée, une pierre angulaire d'une grande valeur, servant de fondement solide : celui qui la prend pour appui ne sera pas réduit à fuir* » **Esaïe 28 : 16**[11]

- Par l'intermédiaire de Daniel, lorsqu'il reçut de Dieu la prophétie des 70 septaines « *Voici donc ce que tu dois savoir et comprendre : Depuis le moment où le décret ordonnant de restaurer et de rebâtir Jérusalem a été promulgué jusqu'à l'avènement d'un chef ayant reçu l'onction, il s'écoulera sept septaines et soixante-deux septaines. La ville sera rebâtie et rétablie avec ses places et ses remparts, en des temps de détresse.* » **Daniel 9 : 25**

- Par l'intermédiaire du Prophète Malachie[12] : « *Or je vais envoyer mon messager pour aplanir la route devant moi. Et, soudain, il viendra pour entrer dans son Temple, le Seigneur que vous attendez ; c'est l'ange de l'alliance, appelé de vos vœux. Le voici, il arrive, déclare l'Eternel, le Seigneur des armées célestes. Mais qui supportera le jour de sa venue ? ou qui tiendra quand il apparaitra ? car il sera semblable au brasier du fondeur, au savon de potasse des blanchisseurs* » **Malachie 3 : 1-2.**

L'Ancien Testament annonce aussi Jésus-Christ devait naitre miraculeusement d'une vierge, à Bethléhem.

---

[11] Esaïe 42 : 1-3

[12] Le nom Malachie signifie en hébreu « mon messager ». or ce même mot est employé en 3.1 pour désigner le messager de l'Eternel qui préparera son chemin, et les prophètes et les prêtres étaient eux aussi appelés « messagers de Dieu. C'est pourquoi, selon certains, le nom « Malachie » pourrait être un surnom du prophète dont le nom véritable serait inconnu.

« Mes enfants, la dernière heure a commencé. Vous avez appris qu'un « anti-Christ » doit venir. Or, dès à présent, beaucoup d'antichrists sont là. Voilà pourquoi nous savons que nous sommes entrés dans la dernière heure. »
1 Jean 2 :18

- Dans le livre d'Esaïe : *« Esaïe dit alors : - Ecoutez donc, dynastie de David. Ne vous suffit-il pas de mettre à dure épreuve la patience des hommes pour qu'il vous faille encore lasser aussi mon Dieu ? C'est pourquoi le Seigneur vous donnera lui-même un signe : voici, la jeune fille sera enceinte et elle enfantera un fils, elle lui donnera pour nom : Emmanuel (Dieu avec nous). »* **Esaïe 7 : 13-14**

- Dans le livre de Michée[13] : *« Et toi, Bethléhem Ephrata, la plus petite des villes de Juda, de toi il sortira pour moi celui qui régnera sur Israël ! Son origine remonte aux temps passés, aux jours anciens. »* **Michée 5 :1**

4. LA VIE DE JESUS

Ce qui avait été prédit par les prophètes de Dieu vint. Dans la Bible, nous retrouvons l'entière histoire de Jésus-Christ dans le Nouveau Testament dans les Evangiles de Matthieu, Marc, Luc et Jean.

- Matthieu qui fut avant le collecteur des impôts devint l'un des disciples de Jésus parmi les douze choisis par ce dernier. Il est juif et il écrit pour les juifs auxquels il a souci de montrer, par ces abondantes citations de l'Ancien Testament, que Jésus accomplit les prophéties.

« Voici, la jeune fille vierge sera enceinte. Et elle enfantera un fils que l'on appellera Emmanuel ce qui veut dire : Dieu est avec nous. » **Matthieu 1 : 23**[14]

---

[13] Prophète originaire de Morécheth en Juda (localité située a 35 kilomètres au sud-ouest de Jérusalem, à l'est de Gath.)

[14] Esaïe 7 : 14

« Mes enfants, la dernière heure a commencé. Vous avez appris qu'un « anti-Christ » doit venir. Or, dès à présent, beaucoup d'antichrists sont là. Voilà pourquoi nous savons que nous sommes entrés dans la dernière heure. »
1 Jean 2 :18

« Et toi, Bethléhem, village de Judée, tu n'es certes pas le plus insignifiant des chefs-lieux de Juda, car c'est de toi que sortira le chef qui, comme un berger, conduira Israël mon peuple. » **Matthieu 2 : 6**[15]

- Marc recueillit les informations nécessaires à la rédaction de son évangile auprès de l'apôtre Pierre, dont il fut le secrétaire[16] après avoir été le collaborateur de Paul[17]. L'intérêt de cet évangile se porte sur les œuvres de Jésus. Il le montre en pleine action, guérissant les malades, multipliant le pain pour les foules. Il ne rapporte pas moins de dix-huit miracles.

« Lorsqu'il vit quelle foi ces hommes avaient en lui, Jésus dit au paralysé : - Mon enfant, tes péchés te sont pardonnés. » **Marc 2 : 5**

« - Va, lui dit Jésus, Parce que tu as cru en moi, tu es guéri. Aussitôt, il recouvra la vue et suivit Jésus sur le chemin. » **Marc 10 : 52**

- Luc, c'est un médecin de culture grecque, collaborateur de Paul, qu'il accompagna jusqu'à Rome.[18] Comme Matthieu, Luc s'intéresse à la naissance miraculeuse de Jésus. Ensuite il parla des multiples enseignements de Jésus, de ses miracles et de sa résurrection. Cet évangile est la première partie d'un « ouvrage de deux volumes » qui comprend l'évangile et le livre des Actes. Luc l'a écrit, après enquête auprès des témoins oculaires.

---

15 Michée 5 : 1

16 1 Pierre 5 :13

17 Actes 12 :25

18 Colossiens 4 : 14 ; Philémon 24 ; 2 Timothée 4 : 11

« Mes enfants, la dernière heure a commencé. Vous avez appris qu'un « anti-Christ » doit venir. Or, dès à présent, beaucoup d'antichrists sont là. Voilà pourquoi nous savons que nous sommes entrés dans la dernière heure. »
1 Jean 2 :18

« L'ange lui dit alors : - N'aie pas peur, Marie, car Dieu t'a accordé sa faveur. Voici : bientôt tu seras enceinte et tu mettras au monde un fils ; tu le nommeras Jésus. » **Luc 1 : 30 - 31**

« - Quand à vous tous qui m'écoutez, voici ce que je vous dis : Aimez vos ennemis ; faites du bien à ceux qui vous haïssent ; appelez la bénédiction divine sur ceux qui vous maudissent ; priez pour ceux qui calomnient. Si quelqu'un te gifle sur une joue, présente-lui aussi l'autre. Si quelqu'un te prend ton manteau, ne l'empêche pas de prendre aussi ta chemise. » **Luc 6 : 27, 28, 29**

« - Pourquoi cherchez vous parmi les morts celui qui est vivant ? il n'est plus ici, mais il est ressuscité. Rappelez-vous ce qu'il vous disait quand il était encore en Galilée : « Il faut que le Fils de l'homme soit livré entre les mains des pécheurs, qu'il soit crucifié et qu'il ressuscite le troisième jour. » **Luc 24 : 5, 6, 7**

- L'auteur de cet évangile est l'apôtre Jean, le disciple et l'ami proche de Jésus. Il est le seul, cependant, à rapporter certains enseignements du Christ et certains événements de sa vie. L'originalité de l'évangile de Jean tient encore à sa présentation du parcours du Seigneur.

« Qui place sa confiance dans le fils possède la vie éternelle. Qui ne met pas sa confiance dans le Fils ne connait pas la vie ; il reste sous le coup de la colère de Dieu. » **Jean 3 : 36**

« Jésus déclara à haute voix : « - Si quelqu'un me fait confiance, ce 'est pas en moi seulement qu'il croit, mais encore en celui qui m'a envoyé. Qui me voit, voit aussi celui qui m'a envoyé. C'est pour être lumière que je suis venu dans le monde, afin que tout homme qui croit en moi ne demeure pas dans les ténèbres. » **Jean 12 : 44, 45, 46**

Enfin tous les quatre évangiles se complétant sans se contredire. Ils relatent globalement l'histoire de Jésus-Christ dans son entièreté (la prophétie de sa venue, sa naissance, ses œuvres et enseignements, sa mort, sa résurrection et son départ au ciel).

Qu'est ce que l'Eglise ? C'est ce que nous verrons dans la partie suivante.

« *Mes enfants, la dernière heure a commencé. Vous avez appris qu'un « anti-Christ » doit venir. Or, dès à présent, beaucoup d'antichrists sont là. Voilà pourquoi nous savons que nous sommes entrés dans la dernière heure.* »
1 Jean 2 :18

B. EGLISE

1. ETYMOLOGIE

« Eglise » vient du mot grec « ecclesia » qui signifie : congrégation ou assemblée « mise à part » **Actes 7 :38** [*Lorsque le peuple était **rassemblé** au désert, c'est encore lui qui servit d'intermédiaire entre l'ange qui lui parlait sur le mont de Sinaï et nos ancêtres. Il reçut de Dieu des paroles de vie pour nous les transmettre.*]

Par véritable Eglise, nous entendons le corps des vrais croyants qui, depuis le jour de la Pentecôte, sont nés de nouveau et ont été rachetés de l'esclavage de Satan, qu'ils soient encore sur la terre ou qu'ils l'aient déjà quittée. « *Et moi, je te déclare : Tu es Pierre, et sur cette pierre j'édifierai mon Eglise, contre laquelle la mort elle-même ne pourra rien.* » **Matthieu 16 :18**[19] « *Vous vous êtes rapprochés de l'assemblée des fils premiers nés de Dieu dont les noms sont inscrits dans les cieux. Vous vous êtes rapprochés de Dieu, le Juge de tous les hommes, et des esprits des justes qui sont parvenus à la perfection.* » **Hébreux 12 : 23**

La Bible se sert de plusieurs images pour décrire ce corps de croyant.

2. <u>L'Eglise est comparée aux Israélites qui sortirent d'Egypte, nation choisie, sous le sang</u>. « *Mais vous, vous serez pour moi un royaume de prêtres, une nation sainte. Telles sont les paroles que tu transmettras aux Israélites.* » **Exode 19 : 6**[20]

3. <u>Elle est comparée au corps humains, avec ses diverses fonctions</u> : « *Car personne n'à jamais haï sa propre chair ; au contraire, chacun la nourrit et l'entoure de*

---

[19] Actes 2: 4, 38; 1 Corinthiens 12: 12, 13; Ephésiens 1: 22, 23.

[20] Deutéronome 10 : 15 ; Actes 7 : 38 ; 1 Pierre 2 :9.

« Mes enfants, la dernière heure a commencé. Vous avez appris qu'un « anti-Christ » doit venir. Or, dès à présent, beaucoup d'antichrists sont là. Voilà pourquoi nous savons que nous sommes entrés dans la dernière heure. »
1 Jean 2 :18

soins, comme le Christ le fait pour l'Eglise, parce que nous sommes les membres de son corps. » **Ephésiens 5 : 29-30**[21]

4. <u>Elle est comparée à un temple saint, composé de pierres ayant des formes, des couleurs et des fonctions différentes et où habite le Christ</u> : *« En lui toute la construction s'élève, bien coordonnée, afin d'être un temple saint dans le Seigneur et, unis au Christ, vous avez été intégrés ensemble à cette construction pour former une demeure où Dieu habite par l'Esprit. »* **Ephésiens 2 : 21-22**[22]

5. <u>Elle est comparée à l'épouse unie en un mariage d'amour au Christ Lui-même qui est l'époux</u> : *« Je vis la ville sainte, la nouvelle Jérusalem, descendre du ciel, d'auprès de Dieu, belle comme une mariée qui s'est parée pour son époux,... Alors l'un des sept anges qui tenaient les sept coupes pleines des sept derniers fléaux vint me parler : - viens, me dit-il, je te montrerai la Mariée, l'Epouse de l'Agneau. »* **Apocalypse 21 : 2, 9**[23]

6. <u>Elle est comparée à une vierge chaste, fiancée à Christ qui attend d'elle la fidélité, la pureté, l'amour absolu (en opposition à l'apostasie de la prostituée)</u> : *« Réjouissons-nous, exultons d'allégresse et apportons-lui notre hommage. Voici bientôt les noces de l'Agneau. Sa fiancée s'est préparée. »* **Apocalypse 19 :7**[24]

En effet, qui est Satan ? Où est Satan ? Qui sont les Démons ? Et Quelles sont leurs œuvres ? Ces questions feront l'objet de notre étude dans les lignes qui suivent.

---

[21] 1 Corinthiens 12 : 12-27

[22] 1 Corinthiens 3 : 16-17 ; 1 Pierre 2 :5

[23] Ephésiens 5 : 28, 29, 32.

[24] Matthieu 15 : 1-13 ; 1 Corinthiens 10 : 21-22 ; Exode 20 : 5 ; 2 Corinthiens 11 : 2-3

« Mes enfants, la dernière heure a commencé. Vous avez appris qu'un « anti-Christ » doit venir. Or, dès à présent, beaucoup d'antichrists sont là. Voilà pourquoi nous savons que nous sommes entrés dans la dernière heure. »
1 Jean 2 :18

C. SATAN

1. QUI EST SATAN ?

Le nom Satan vient de l'hébreu « satan » qui signifie « adversaire, haineux » (en grec : satanas). Mais lorsqu'on met un « S » majuscule, le nom propre ainsi obtenu est Satan, le Grand Adversaire, le Grand Ennemi, et le Séducteur du monde entier.

Seule la Bible révèle son identité :

- Le serpent : « *Le Serpent était le plus tortueux de tous les animaux des champs que l'Eternel Dieu avait faits. […]* » **Genèse 3 :1**

- Le grand dragon, le serpent ancien : « *Il fut précipité, le grand dragon, le serpent ancien, qu'on appelle le diable et Satan, celui qui égare le monde entier. Il fut précipité sur la terre, et ses anges furent précipités avec lui.* » **Apocalypse 12 :9**

- Satan : « *Satan se dressa contre Israël et il incita David à faire le recensement d'Israël.* » **1 Chronique 21 :1**[25]

- Accusateur : « *Or, un jour, les anges de Dieu se rendirent au conseil de l'Eternel. Satan (l'Accusateur) vint aussi parmi eux.* » **Job 1 :6**[26]

---

[25] Luc 10 : 18

[26] Job 2 : 7, Zacharie 3 :1

« Mes enfants, la dernière heure a commencé. Vous avez appris qu'un « anti-Christ » doit venir. Or, dès à présent, beaucoup d'antichrists sont là. Voilà pourquoi nous savons que nous sommes entrés dans la dernière heure. »
1 Jean 2 :18

- « astre brillant, fils de l'aurore » : « *Comment es-tu tombé du ciel, astre brillant, fils de l'aurore ? toi qui terrassais les nations, comment est-il possible que tu aies été abattu à terre ?* » **Esaïe 14 : 12**

- Prince orgueilleux : « *Tu as été irréprochable dans toute ta conduite depuis le jour où tu as été créé, jusqu'à ce que le mal se soit trouvé chez toi. [...] De ta grande beauté, tu t'es enorgueilli et tu as laissé ta splendeur pervertir ta sagesse. Je t'ai précipité à terre, et te donne en spectacle aux autres rois.* » **Ezéchiel 28 : 15, 17**

- Chef des puissances spirituelles mauvaises : « *Par ces actes, vous conformiez alors votre manière de vivre à celle de ce monde et vous suiviez le chef des puissances spirituelles mauvaises, cet esprit qui agit maintenant dans les hommes rebelles à Dieu.* » **Ephésiens 2 :2**

2. OU EST SATAN MAINTENANT ? ET QUELLE EST SON ŒUVRE PRESENTE ?

Il est le « Prince de la puissance de l'air » et le « Dieu de ce monde ». « *[...] Le dieu de ce monde a aveuglé leur esprit et les empêche ainsi de voir briller la lumière de la Bonne nouvelle qui fait resplendir la gloire du Christ, lui qui est l'image de Dieu.* » **2 Corinthiens 4 :4**

Il a de diverses manières, le pouvoir de séduire et de tromper le monde entier par de faux attraits tels que l'argent, la gloire et les plaisirs défendus. En retour, il crée le vide dans les âmes, engendre la tristesse et retient ces âmes dans les liens de la mort. Il a le pouvoir d'aveugler les hommes, les chrétiens eux-mêmes n'échappent

« Mes enfants, la dernière heure a commencé. Vous avez appris qu'un « anti-Christ » doit venir. Or, dès à présent, beaucoup d'antichrists sont là. Voilà pourquoi nous savons que nous sommes entrés dans la dernière heure. »
1 Jean 2 :18

pas à ses assauts. Il présente le spiritisme[27] et la nécromancie[28] comme étant d'inspiration chrétienne. Il divise les croyants entre eux en les poussant à donner une importance exagérée à telle ou telle vérité, ou même en déformant la vérité.

Il produit des contrefaçons :

- *« Alors le Serpent dit à la femme : - Mais pas du tout ! Vous ne mourrez pas ! Seulement Dieu sait bien que le jour où vous en mangerez, vos yeux s'ouvriront et vous serez comme Dieu, choisissant vous-mêmes entre le bien et le mal »* **Genèse 3 : 4-5**

- *« - Si quelqu'un vous dit alors : « Voyez, le Christ est ici ! » ou : « Il est là ! » - ne le croyez pas. De faux christs surgiront, ainsi que de faux prophètes. Ils produiront des signes extraordinaires et des prodiges au point de tromper, si c'était possible, ceux que Dieu a choisis. »* **Matthieu 24 : 23-24**[29]

- *« - Simon, Simon ! fais attention : Satan vous a réclamés pour vous passer tous au crible, comme on secoue le blé pour le séparer de la bale. »* **Luc 22 : 31**

---

[27] Doctrine qui a pour fondement la communication avec les âmes des morts

[28] Evocation des morts par magie, en vue de connaitre l'avenir.

[29] Matthieu 16 :23

« Mes enfants, la dernière heure a commencé. Vous avez appris qu'un « anti-Christ » doit venir. Or, dès à présent, beaucoup d'antichrists sont là. Voilà pourquoi nous savons que nous sommes entrés dans la dernière heure. »
1 Jean 2 :18

- « pour ne pas laisser Satan prendre l'avantage sur nous : nous ne connaissons en effet que trop bien ses intentions. » **2 Corinthiens 2 : 11**[30]

- « Car nous n'avons pas à lutter contre des êtres de chair et de sang, mais contre les Puissances, contre les Autorités, contre les Pouvoirs de ce monde des ténèbres, et contre les esprits du mal dans le monde céleste. » **Ephésiens 6 : 12**

- « Ainsi donc, puisque ces enfants sont unis par la chair et le sang, lui aussi, de la même façon, a partagé leur condition. Il l'a fait pour réduire à l'impuissance, par la mort, celui qui détenait le pouvoir de la mort, c'est-à-dire le diable. » **Hébreux 2 : 14**

- « Ne vous laissez pas distraire, soyez vigilants. Votre adversaire, le diable, rôde autour de vous comme un lion rugissant, qui cherche quelqu'un à dévorer. » **1 Pierre 5 : 8**

- « En effet, tout ce qui fait partie du monde : les mauvais désirs qui animent l'homme livré à lui-même, la soif de posséder ce qui attire les regards, et l'orgueil qu'inspirent les biens matériels, tout cela ne vient pas du Père, mais du monde. » **1 Jean 2 :16**

- « Puis j'entendis dans le ciel une voix puissance qui disait : Maintenant, le temps du salut est arrivé. Maintenant, notre Dieu a manifesté sa puissance et instauré son règne. Maintenant, son Messie a pris l'autorité en mains. Car l'Accusateur de

---

30 Romains 5 : 12, 8 : 22 ; 1 Corinthiens 3 : 3-4

« Mes enfants, la dernière heure a commencé. Vous avez appris qu'un « anti-Christ » doit venir. Or, dès à présent, beaucoup d'antichrists sont là. Voilà pourquoi nous savons que nous sommes entrés dans la dernière heure. »
1 Jean 2 :18

nos frères, celui qui, jour et nuit, les a accusés devant Dieu a été jeté hors du ciel. » **Apocalypse 12 : 10**

- Il se déguise en ange de lumière : *« Cela n'a rien d'étonnant : Satan lui-même ne se déguise-t-il pas en ange de lumière ? »* **2 Corinthiens 11 : 14**

3. LES DEMONS ET LA POSSESSION PAR LES DEMONS

La Bible parle d'esprit « mauvais » et « impurs ». Ils sont l'opposé des anges. Ils étaient très nombreux du temps de la vie de Christ sur la terre, et pourraient resurgir dans les derniers temps.

La possession des démons est un phénomène mondial, fréquent surtout parmi les peuples non christianisés, qui se manifeste chez l'individu par une voix et un comportement anormaux et un faciès modifié. L'exorcisme[31] au nom de Jésus fut pratiqué par Paul.

- *« Le soir venu, on lui amena beaucoup de gens qui étaient sous l'emprise de démons : par sa parole, il chassa ces mauvais esprits. Il guérit aussi tous les malades. »* **Matthieu 8 : 16**[32]

- *« Puis il se tourna vers ceux qui seront à sa gauche : « Retirez-vous loin de moi, vous que Dieu a maudits, et allez dans le feu éternel préparé pour le diable et ses anges. »* **Matthieu 25 : 41**

---

[31] Cérémonie au cours de laquelle on prétend chasser les démons. Nous tenons à préciser que l'apôtre Paul ne faisait pas des cérémonies pour prétendre chasser les démons comme le sens indiqué de l'exorcisme, il utilisait le nom de Jésus pour chasser les démons. Cela est l'un des pouvoirs que leur confère dans leurs missions l'autorité du nom de Jésus. Marc 16 : 17

[32] Matthieu 12 : 24 – 29, 43.

« Mes enfants, la dernière heure a commencé. Vous avez appris qu'un « anti-Christ » doit venir. Or, dès à présent, beaucoup d'antichrists sont là. Voilà pourquoi nous savons que nous sommes entrés dans la dernière heure. »
1 Jean 2 :18

- *« Car Jésus lui disait : - Esprit mauvais, sors de cet homme ! Jésus lui demanda : - Quel est ton nom ? – Je m'appelle Légion, lui répondit-il, car nous somme une multitude. [...] Jésus le leur permit. Ils sortirent donc de l'homme et entrèrent dans les porcs. Aussitôt, le troupeau, qui comptait environ deux mille bêtes, s'élança du haut de la pente et se précipita dans le lac où elles se noyèrent. »* **Marc 5 :8, 9, 13**

- *«Elle fit cela plusieurs jours de suite. A la fin, Paul, excédé, se retourna et dit à l'esprit : - Je t'ordonne, au nom de Jésus-Christ, de sortir de cette femme ! A l'instant même, il la quitta. »* **Actes 16 : 18**

- *« Cependant, l'Esprit déclare clairement que, dans les derniers temps, plusieurs se détourneront de la foi parce qu'ils s'attacheront à des esprits trompeurs et à des enseignements inspirés par des démons. Ils seront séduits par l'hypocrisie de prédicateurs de mensonges dont la conscience est comme marquée au fer rouge*[33]*. Ces gens-là interdiront le mariage, et exigeront que l'on s'abstienne de certains aliments, alors que Dieu a créé toutes choses pour que les croyants, ceux qui connaissent la vérité, en jouissent avec reconnaissance. »* **1 Timothée 4 : 1-3**

C'est quoi ou c'est qui l'antichrist ? Quels sont les faits et la finalité de l'antichrist ? Ces interrogations feront l'objet d'étude sur les pages suivantes.

---

[33] La marque au fer rouge signalait les criminels et les esclaves fugitifs.

« Mes enfants, la dernière heure a commencé. Vous avez appris qu'un « anti-Christ » doit venir. Or, dès à présent, beaucoup d'antichrists sont là. Voilà pourquoi nous savons que nous sommes entrés dans la dernière heure. »
1 Jean 2 :18

D. **ANTECHRIST/ANTICHRIST**

1. **ETYMOLOGIE**

Le mot « antéchrist » vient du grec « antikhristos » par l'intermédiaire du latin médiéval « antechristus », mot qui vient du latin ecclésiastique « antichristus ».

Bien que la transformation du préfixe anti-(contre) en ante-(avant) date du XIIe siècle, on trouve la forme antichrist dans la Bible de Jérusalem (traduction du XXe siècle) et dans la neuvième édition du dictionnaire de l'Académie française. Malgré cette transformation, le mot antéchrist signifie adversaire du christ et non celui qui vient avant le christ. De même, en latin, « antechristus » et « antichristus » sont synonymes.

Le mot antikhristos est utilisé au pluriel dans les Epitres de Jean, désignant les judéo-chrétiens qui se détachent de la communauté par leur refus de la reconnaissance de la pleine divinité du Christ ou de son incarnation. Par la suite, différentes représentations de personnages mythiques d'antéchrists seront modelés tant par l'eschatologie juive que par les pères de l'Eglise. L'antéchrist est une figure commune à l'eschatologie chrétienne et islamique. Elle apparait dans les Epitres de Jean où elle recouvre des formes variables mais puise ses origines dans la notion d'anti-messie déjà présente dans le judaïsme. Le terme désigne parfois un individu souvent monstrueux, parfois un groupe. Cette figure d'imposteur maléfique qui tente de se substituer à Jésus-Christ a nourri de nombreuses spéculations et interprétations dès les premiers développements du christianisme à travers la littérature patristique qui se sont enrichis encore au fil des siècles, situant l'intervention de l'antéchrist lors des dernières épreuves précédant la fin du monde.

En français, dès le XIIe siècle le mot a désigné tout à la fois, dans une acception populaire péjorative, un méchant homme et, dans les acceptions didactiques, un esprit du mal devant apparaitre à la fin des temps ou encore un adversaire du Christ, un apostat.

« Mes enfants, la dernière heure a commencé. Vous avez appris qu'un « anti-Christ » doit venir. Or, dès à présent, beaucoup d'antichrists sont là. Voilà pourquoi nous savons que nous sommes entrés dans la dernière heure. »
1 Jean 2 :18

L'Antichrist est le plus grand personnage humain de la fin des temps. Il est appelé à jouer un tel rôle que nous devons étudier attentivement sur tout ce qui nous est dit à son sujet.

2. QU'EST CE QUE L'ANTICHRIST ?

C'est le dernier grand chef que l'humanité toute entière se donnera à la fin des temps, et qui la conduira dans son ultime révolte contre le Seigneur et son Christ. Jésus a été l'homme parfait et l'apparition de Dieu sur la terre. Mais les hommes l'ont rejeté parce qu'ils ont préféré les ténèbres à la lumière. Bientôt surgira le surhomme qui incarnera toute la puissance de Satan. Ce faux Christ dissimulant sa violence derrière sa ruse, séduira les nations qui l'acclameront comme leur sauveur. Paul l'appelle « l'homme du péché » parce qu'il sera le type le plus évolué du pécheur. Il donnera avec ses sujets, toute la mesure du mal que peut atteindre l'homme soit individuellement soit collectivement. « Le péché de l'homme doit s'épanouir en l'homme du péché ».

3. L'ANTICHRIST SERA-T-IL REELLEMENT UNE PERSONNE ?

On a pensé quelquefois que l'Antichrist serait seulement un système, un principe pernicieux répandu dans le monde, un mauvais esprit collectif qui se manifesterait à la fin des temps. De la sorte, disent certains auteurs, nous n'aurions pas à attendre l'apparition d'un homme en chair et en os, qui réaliserait toutes les prophéties relatives à l'Antichrist. Pour dissiper toute confusion, notons tout d'abord qu'à ce sujet l'écriture distingue quatre (4) choses :

- L'esprit de l'Antichrist : *« Tout esprit, au contraire, qui ne connait pas ce Jésus-là ne vient pas de Dieu. C'est là l'esprit de « l'anti-christ » dont vous avez entendu annoncer la venue. Eh bien, dès à présent, cet esprit est dans le monde. »* **1 Jean 4 :3**

- Les précurseurs de l'Antichrist : *« Un grand nombre de personnes qui entrainent les autres dans l'erreur se sont répandues à travers le monde. Ils ne reconnaissent pas que Jésus-Christ est devenu véritablement un*

« Mes enfants, la dernière heure a commencé. Vous avez appris qu'un « anti-Christ » doit venir. Or, dès à présent, beaucoup d'antichrists sont là. Voilà pourquoi nous savons que nous sommes entrés dans la dernière heure. »
1 Jean 2 :18

homme. Celui qui parle ainsi est trompeur, c'est l'anti-christ » **2 Jean 7**[34]

- La personne de l'Antichrist :

- Pour Jean : *« Mes enfants, la dernière heure a commencé. Vous avez appris qu'un « anti-Christ » doit venir. Or, dès à présent, beaucoup d'antichrists sont là. Voilà pourquoi nous savons que nous somme entrés dans la dernière heure. Ces adversaires du Christ sont sortis de chez nous mais, en réalité, ils n'étaient pas des nôtres. Car, s'ils avaient été des nôtres, ils seraient restés avec nous. Mais ils nous ont quittés pour qu'il soit parfaitement clair que tous ne sont pas des nôtres. »* **1 Jean 2 : 18-19**

- Pour Paul : *« Que personne ne vous égare d'aucune façon. Car ce jour n'arrivera pas avant qu'éclate le grand Rejet de Dieu, et qu'apparaisse l'homme de la révolte qui est destiné à la perdition. L'adversaire qui s'élève au-dessus de tout ce qui porte le nom de dieu, et de tout ce qui est l'objet d'une vénération religieuse. Il ira jusqu'à s'asseoir dans le temple de Dieu en se proclamant lui-même dieu. »* **2 Thessaloniciens 2 : 3-4**[35]

- Pour Daniel : *« Les dix cornes représentent dix rois qui surgiront de ce royaume. Un autre roi se lèvera après eux, il sera différent de ses prédécesseurs. Il renversera trois rois. Il proféra des paroles contre le Très-Haut, opprimera les membres du peuple saint, entreprendra de changer le calendrier et la loi ; pendant trois temps et demi, le peuple saint sera livré à sa merci. Mais alors, la cour de justice siègera et on ôtera la domination à ce roi pour l'exterminer et le faire périr définitivement. »* **Daniel 7 : 24-26**[36]

---

34 Daniel 8 : 9-26, 1 Jean 2 : 18-19

35 2 Thessaloniciens 2 : 8 ; Jean 17 : 12.

« Mes enfants, la dernière heure a commencé. Vous avez appris qu'un « anti-Christ » doit venir. Or, dès à présent, beaucoup d'antichrists sont là. Voilà pourquoi nous savons que nous sommes entrés dans la dernière heure. »
1 Jean 2 :18

- L'Apocalypse parle exactement dans le même sens. Elle appelle l'Antichrist « la bête » (Féroce), par opposition à Jésus-Christ qu'elle appelle « l'Agneau ». *« Les peuples adorèrent le dragon, parce qu'il avait donné son pouvoir à la bête. Ils adorèrent aussi la bête, en disant : « Qui est semblable à la bête ? Qui peut combattre contre elle ? » Il lui fut donné une gueule pour proférer des discours arrogants et insultants contre Dieu. Elle reçut le droit d'exercer son autorité pendant quarante-deux mois. Elle ouvrit sa gueule pour proférer des blasphèmes et insulter Dieu, la Tente où il demeure et ceux dont la demeure est au ciel. Il lui fut même permis de faire la guerre à ceux qui appartiennent à Dieu et de les vaincre. Elle reçut l'autorité sur tout peuple, toute tribu, toute langue et toute nation. »* **Apocalypse 13 : 4-7**[37]

- Enfin Jésus lui-même déclare : « *Je suis venu au nom de mon Père, et vous ne me recevez pas. Si un autre vient en son propre nom, vous le recevez !* » **Jean 5 : 43**

4. UNE DESCRIPTION DETAILLEE DE L'ANTICHRIST

1. Il est l'image de Satan qui l'envoie. Jean le représente sous les traits d'une bête qui a sept têtes et dix cornes, toutes semblables au grand dragon rouge figurante le diable : « *Là-dessus, un autre signe parut dans le ciel, et voici : c'était un dragon énorme, couleur de feu. Il avait sept têtes et dix cornes. Chacune de ses sept têtes portait un diadème.* » **Apocalypse 12 :3**[38]

---

36 Daniel 8 : 23-25 ; 9 : 27 ; 11 : 26, 38, 41, 45.

37 Apocalypse 17 : 11-12 ; 20 : 15 ; 19 :20

38 Apocalypse 13 : 1 ; 17 : 3.

« Mes enfants, la dernière heure a commencé. Vous avez appris qu'un « anti-Christ » doit venir. Or, dès à présent, beaucoup d'antichrists sont là. Voilà pourquoi nous savons que nous sommes entrés dans la dernière heure. »
1 Jean 2 :18

2. L'Antichrist est la deuxième personne de la « trinité » diabolique constitué par le dragon (le diable), la bête et le faux prophète : « *Je vis alors sortir de la gueule du dragon, de celle de la bête et de la bouche du faux prophète, trois esprit impurs ressemblant à des grenouilles* » **Apocalypse 16 :13**

3. L'Antichrist monte de l'abime pour accomplir la volonté du diable : « *Mais lorsqu'ils auront achevé de rendre leur témoignage, la bête qui monte de l'abime combattra contre eux, elle les vaincra et les tuera.* » **Apocalypse 11 : 7**[39]

Il vient en son propre nom «*Je suis venu au nom de mon Père, et vous ne me recevez pas. Si un autre vient en son propre nom, vous le recevez !* » **Jean 5 : 43**

4. L'Antichrist est comme une bête sauvage qui réunit en elle-même la ruse, la force et la férocité du léopard, de l'ours et du lion : « *La bête que je vis avait l'allure d'un léopard, ses pattes ressemblaient à celles d'un ours et sa gueule à celle d'un lion. Le dragon lui donna sa puissance, son trône et une grande autorité.* » **Apocalypse 13 : 2**

5. L'Antichrist reçoit directement du diable sa puissance, son trône et une grande autorité. Son apparition se fait par la puissance de Satan avec toutes sortes de miracles mensongers : « *L'apparition de cet homme se fera grâce à la puissance de Satan, avec toutes sortes d'actes extraordinaires, de miracles et prodiges trompeurs.* » **2 Thessaloniciens 2 : 9**

6. L'Antichrist semble devoir passer par une sorte de guérison miraculeuse, qui attirera sur lui l'attention de toute la terre : « *L'une de ses têtes semblait avoir*

---

[39] Apocalypse 17 : 8

> « Mes enfants, la dernière heure a commencé. Vous avez appris qu'un « anti-Christ » doit venir. Or, dès à présent, beaucoup d'antichrists sont là. Voilà pourquoi nous savons que nous sommes entrés dans la dernière heure. »
> **1 Jean 2 :18**

reçu un coup mortel, comme si elle avait été égorgée. Mais la blessure dont elle aurait dû mourir fût guérie. Là-dessus, le monde entier, rempli d'admiration, se rangea derrière la bête. » **Apocalypse 13 : 3**

7. L'Antichrist réussira à se faire adorer par toute la terre : « *Les peuples adorèrent le dragon, parce qu'il avait donné son pouvoir à la bête. Ils adorèrent aussi la bête en disant : « Qui est semblable à la bête ? qui peut combattre contre elle ? »* **Apocalypse 13 : 4**

8. L'Antichrist étonnera le monde par ses discours impudents : « *Il lui fut donné une gueule pour proférer des discours arrogants et insultants contre Dieu. Elle reçut le droit d'exercer son autorité pendant quarante deux mois.* » **Apocalypse 13 : 5**[40]

9. Le règne de l'Antichrist ne durera que trois temps et demi : « *Mais laisse de côté le parvis extérieur du temple, ne le mesure pas, car il a été abandonné aux nations païennes ; elles piétineront la ville sainte pendant quarante-deux mois* » **Apocalypse 11 : 2**[41]

10. L'Antichrist est appelé « l'homme du péché », il sera « l'impie » par excellence, résumant le mystère de l'iniquité. Il représente tout ce que l'humanité à de mauvais et d'imparfait, c'est pourquoi son nombre symbolique est le chiffre de l'homme 6 trois fois répété : 666 : « *C'est ici qu'il faut de la sagesse. Que celui

---

40 Daniel 7 : 8

41 Apocalypse 13 : 5

> « Mes enfants, la dernière heure a commencé. Vous avez appris qu'un « anti-Christ » doit venir. Or, dès à présent, beaucoup d'antichrists sont là. Voilà pourquoi nous savons que nous sommes entrés dans la dernière heure. »
> **1 Jean 2 :18**

qui a de l'intelligence déchiffre le nombre de la bête. Ce nombre représente le nom d'un homme, c'est : six cent soixante six. » **Apocalypse 13 : 18**

Le nombre de la bête (666) peut apparaitre sous plusieurs formes et caractères. Il y'a bien des choses dans ce monde actuel que nous utilisons qui incarne le chiffre de la bête peut être par ignorance ou consciemment. La Bible nous a révélé dans les différents points cités ci-haut de quoi il est capable pour détourner les hommes de la voix de Dieu. Ensuite, elle insiste sur le fait que celui qui de l'intelligence déchiffre le nombre de la bête, c'est ici qu'il faut de la sagesse. Soyons vigilant.

11. L'Antichrist recevra autorité sur toutes les tribus, tout peuple, toute langue et toute nation. Et tous les habitants de la terre l'adoreront. Il instaurera la première et la seule dictature universelle, que le Seigneur permettra pour un temps très court : *« Il lui fut même permis de faire la guerre à ceux qui appartiennent à Dieu et de les vaincre. Elle reçut l'autorité sur tout peuple, toute tribu, toute langue et toute nation. Tous les habitants de la terre l'adoreront, tous ceux le nom n'est pas inscrit, depuis l'origine du monde, dans le livre de vie de l'Agneau égorgé. »* **Apocalypse 13 : 7 - 8**

12. L'Antichrist a pour femme une prostituée, l'église apostat qu'il finit par brûler : *« Il me transporta alors en esprit dans un désert. Je vis une femme assise sur une bête au pelage écarlate. Cette bête était couverte de titres offensants pour Dieu, elle avait sept têtes et dix cornes. La femme était vêtue d'habits de pourpre et d'écarlate, et parée de bijoux d'or, de pierres précieuses et de perles. Elle tenait à la main une coupe d'or pleine de choses abominables et d'obscénités dues à sa prostitution. Sur son front, elle portait gravé un nom mystérieux signifiant : « la grande Babylone, la mère des prostituées et des abominations de la terre. »* **Apocalypse 17 : 3-6**

« Mes enfants, la dernière heure a commencé. Vous avez appris qu'un « anti-Christ » doit venir. Or, dès à présent, beaucoup d'antichrists sont là. Voilà pourquoi nous savons que nous sommes entrés dans la dernière heure. »
1 Jean 2 :18

5. <u>LES FAITS ET LA FINALITE DE L'ANTICHRIST</u>

a. La séduction de l'Antichrist : « *Celui n'a rien d'étonnant : Satan lui-même ne se déguise-t-il pas en ange de lumière ? il n'est donc pas surprenant que ses agents aussi se déguisent en serviteurs de ce qui est juste. Mais ils auront la fin que méritent leurs œuvres.* » **2 Corinthiens 11 : 14-15**[42]

b. Que signifie le chiffre 666 ? « *Et personne ne pouvait acheter ou vendre sans porter ce signe : soit le nom de la bête, soit le nombre correspondant à son nom. C'est ici qu'il faut de la sagesse. Que celui qui a de l'intelligence déchiffre le nombre de la bête. Ce nombre représente le nom d'un homme, c'est : six cent soixante six.* » **Apocalypse 13 : 17 – 18**

c. Quel sera le pouvoir de l'Antéchrist ? « *La bête que je vis avait l'allure d'un léopard, ses pattes ressemblaient à celles d'un ours et sa gueule à celle d'un lion. Le dragon lui donna sa puissance, son trône et une grande autorité* » / **Apocalypse 13 : 2**[43]

« *Sa puissance ira en croissant, mais non par sa propre force. Il causera d'incroyables ravages et réussira dans tout ce qu'il entreprendra, il exterminera de puissants adversaires et décimera les membres du peuple saint* » **Daniel 8 : 24**

d. Dieu lui-même permettra à l'Antichrist d'établir son empire : « *Mais les dix cornes que tu as vues, ainsi que la bête, prendront la prostituée en haine, elles la dépouilleront de tout ce qu'elle a et la laisseront nue ; elles dévoreront ses chairs et la consumeront par le feu. Car Dieu leur a inspiré la résolution d'exécuter son propre plan, en faisant cause commune et en mettant leur*

---

[42] 2 Corinthiens 11 :3 ; Matthieu 24 : 4-5 ; Apocalypse 13 :8

[43] Matthieu 4 : 8-10

> « Mes enfants, la dernière heure a commencé. Vous avez appris qu'un « anti-Christ » doit venir. Or, dès à présent, beaucoup d'antichrists sont là. Voilà pourquoi nous savons que nous sommes entrés dans la dernière heure. »
> **1 Jean 2 :18**

pouvoir royal au service de la bête jusqu'à ce que toutes les décisions de Dieu soient accomplies. » **Apocalypse 17 : 16-17**

e. L'Antichrist basera tout d'abord sa puissance sur les pays du 4ème royaume de Daniel. C'est l'ancien empire romain reconstitué qui verra surgir l'Antichrist : « *Celui que j'avais interrogé me dit : « la quatrième bête représente un quatrième royaume qui apparaitra sur la terre. Il sera différent de tous les royaumes précédents : il dévorera le monde entier, le piétinera et le déchiquettera. Les dix cornes représentent dix rois qui surgiront de ce royaume. Un autre roi qui se lèvera après eux, il sera différent de ses prédécesseurs. Il renversera trois rois. Il proféra des paroles contre le Très-Haut, opprimera les membres du peuple saint, entreprendra de changer le calendrier et la loi ; pendant trois temps et demi, le peuple saint sera livré à sa merci.* » **Daniel 7 : 23-25**[44]

f. L'Antichrist étendra sa puissance par des conquêtes irrésistibles et défiera la force brutale : « *A la fin de leur règne quand les méchants auront mis le comble à leur révolte contre Dieu, s'élèvera un roi dur et expert en intrigues. Sa puissance ira en croissant, mais non par sa propre force. Il causera d'incroyables ravages et réussira dans tout ce qu'il entreprendra ; il exterminera de puissants adversaires et décimera les membres du peuple saint. Grâce à l'habileté, il réussira à tromper beaucoup de gens, l'orgueil remplira son cœur, il fera périr bien des hommes qui vivaient en paix, il s'insurgera même contre le Prince des princes, mais il sera brisé sans aucune intervention humaine.* » **Daniel 8 : 23-25**[45]

---

[44] Apocalypse 17 :18

[45] Daniel 11 : 36-40

« Mes enfants, la dernière heure a commencé. Vous avez appris qu'un « anti-Christ » doit venir. Or, dès à présent, beaucoup d'antichrists sont là. Voilà pourquoi nous savons que nous sommes entrés dans la dernière heure. »
1 Jean 2 :18

g. L'Antichrist parviendra à la domination universelle : « *Il lui fut même permis de faire la guerre à ceux qui appartiennent à Dieu et de les vaincre. Elle reçut autorité sur tout peuple, toute tribu, toute langue et toute nation* » **Apocalypse 13 : 7**[46]

h. L'Antichrist exercera une dictature politique, économique et religieuse.

- Dictature politique : « *Il lui-même permis de faire la guerre à ceux qui appartiennent à Dieu et de les vaincre. Elle reçut autorité sur tout peuple, toute tribu, toute langue et toute nation.* » **Apocalypse 13 : 7**

- Dictature économique : « *Elle amena tous les hommes, gens du peuple et grands personnages, riches et pauvres, hommes libres et esclaves, à se faire marquer d'un signe sur la main droite ou sur le front. Et personne ne pouvait acheter ou vendre sans porter ce signe : soit le nom de la bête, soit le nombre correspondant à son nom. C'est ici qu'il faut de la sagesse. Que celui qui a de l'intelligence déchiffre le nombre de la bête. Ce nombre représente le nom d'un homme, c'est : six cent soixante six.* » **Apocalypse 13 : 16-18**

- Dictature religieuse : « *L'adversaire qui s'élève au-dessus de tout ce qui porte le nom de dieu, et de tout ce qui est l'objet d'une vénération religieuse. Il ira jusqu'à s'asseoir dans le temple de Dieu en se proclamant lui-même dieu.* » **2 Thessaloniciens 2 : 4**[47]

i. L'instauration d'un pareil régime suscitera d'abord un enthousiasme délirant, précurseur de la ruine finale : « *Lorsque les gens diront : « Maintenant règne la paix ! Maintenant nous sommes en sécurité ! »*, alors précisément, la ruine

---

[46] Apocalypse 13 : 15

[47] Apocalypse 13 : 8, 15

« Mes enfants, la dernière heure a commencé. Vous avez appris qu'un « anti-Christ » doit venir. Or, dès à présent, beaucoup d'antichrists sont là. Voilà pourquoi nous savons que nous sommes entrés dans la dernière heure. »
1 Jean 2 :18

fondra subitement sur eux, comme les douleurs saisissent la femme enceinte, et aucun n'échappera. » **1 Thessaloniciens 5 :3**

j. Quelle sera l'attitude de l'Antichrist à l'égard de Dieu ? « *Il proférera des paroles contre le Très-Haut, opprimera les membres du peuple saint, entreprendra de changer le calendrier et la loi ; pendant trois temps et demi, le peuple saint sera livré à sa merci.* » **Daniel 7 :25**[48]

k. Quelle sera l'attitude de l'Antichrist à l'égard des juifs ? : « *Je suis venu au nom de mon Père, et vous ne me recevez pas. Si un autre vient en son propre nom, vous le recevez !* » **Jean 5 :43**[49]

« *En ce temps-là, se lèvera Michel, le grand chef qui a pour mission d'aider ton peuple. Ce sera un temps de détresse tel qu'il n'y en a jamais eu depuis que des nations existent jusqu'à ce moment-là. En ce temps-là seront sauvés ceux de ton peuple dont le nom est inscrit dans le livre.* » **Daniel 12 :1**[50]

l. Quel sort l'Antichrist subira-t-il aux chrétiens ? : « *Tandis que je regardais cette corne faisait la guerre aux membres du peuple saint et elle remportait la victoire sur eux jusqu'à ce que vienne le vieillard âgé de nombreux jours, et que le jugement soit rendu en faveur des membres du peuple saint du Très-Haut et qu'arrive pour eux le temps de prendre possession du royaume.* » **Daniel 7 : 21- 22**[51]

---

48 Daniel 8 : 10-11 ; Daniel 8 : 25 ; Daniel 11 : 36-37

49 Daniel 9 : 27

50 Actes 6 : 1 ; Matthieu 24 :15

51 Apocalypse 13 :7

« Mes enfants, la dernière heure a commencé. Vous avez appris qu'un « anti-Christ » doit venir. Or, dès à présent, beaucoup d'antichrists sont là. Voilà pourquoi nous savons que nous sommes entrés dans la dernière heure. »
1 Jean 2 :18

m. Quelles sera l'attitude de l'Antichrist vis-à-vis de Babylone ? : « *Mais les dix cornes que tu as vues, ainsi que la bête, prendront la prostituée en haine, elles la dépouilleront de tout ce qu'elle a et laisseront nue ; elles dévoreront ses chairs et la consumeront par le feu.* » **Apocalypse 17 :16**[52]

n. Combien de temps durera le régime de l'Antichrist ? : « *Puis il me dit : - je vais te révéler ce qui arrivera à la fin du temps de la colère divine, car un terme lui a été assigné* » **Daniel 8 :19**[53]

- Un Temps, deux temps et la moitié d'un temps : « *Alors l'homme vêtu de lin qui se tenait au-dessus des eaux du fleuve leva sa main droite et sa main gauche vers le ciel et je l'entendis déclarer : - je le jure par celui qui vit à jamais : ce sera dans un temps, deux temps et la moitié d'un temps. Quand la force du peuple saint sera entièrement brisée, alors toutes ces choses s'accompliront.* » **Daniel 12 : 7**[54]

- Mille deux cent soixante jours : « *La femme s'enfuit au désert, où Dieu lui avait préparé un refuge pour qu'elle y soit nourrie pendant mille deux cent soixante jours* » **Apocalypse 12 : 6** [55]

---

[52] Essaie 21 :9 ; Apocalypse 17 : 3-6

[53] Daniel 11 : 36 ; Daniel 11 : 45

[54] Daniel 7 : 25 ; Apocalypse 12 :14.

[55] Apocalypse 11 : 3

> « Mes enfants, la dernière heure a commencé. Vous avez appris qu'un « anti-Christ » doit venir. Or, dès à présent, beaucoup d'antichrists sont là. Voilà pourquoi nous savons que nous sommes entrés dans la dernière heure. »
> **1 Jean 2 :18**

Nous donnerons en illustration une démonstration comparative de la durée de l'antichrist au fil des points suivants. Toutefois, retenons que les chiffres de la durée de l'antichrist que donne la Bible se correspondent tous. Voyez vous, 1260 jours correspondent à 42 mois qui correspondent à 3,5 ans (3 ans et demi). En d'autres termes Mille deux cent soixante jours correspondent à un Temps, deux Temps et la moitié d'un Temps ou une septaine et la moitié d'une septaine et ou quarante deux mois.

Données :
1 mois = 30 jours
1 an = 12 mois

12 × 30 = 360 jours, donc :

- 1 an = 360 jours
- 1 an = 360 jours   3 ans = 1080 jours
- 1 an = 360 jours   +   **= 1260 jours équivalent à 3,5 ans**
- 6 mois = 180 jours   ½ an = 180 jours

- <u>Une septaine et la moitié de la septaine</u> : « *L'oint conclura une alliance ferme avec un grand nombre pendant une septaine et la moitié de la septaine, il fera arrêter le sacrifice et l'offrande. Dans le Temple sera établie l'abominable profanation, et cela durera jusqu'à ce que l'entière destruction qui a été décrétée s'abatte sur le dévastateur.* » **Daniel 9 : 27**

- <u>Quarante deux mois</u> : « *Mais laisse de côté le parvis extérieur du Temple, ne le mesure donc pas, car il a été abandonné aux nations païennes ; elles piétineront la ville sainte pendant quarante deux mois.* » **Apocalypse 11 : 2**

Données :

« Mes enfants, la dernière heure a commencé. Vous avez appris qu'un « anti-Christ » doit venir. Or, dès à présent, beaucoup d'antichrists sont là. Voilà pourquoi nous savons que nous sommes entrés dans la dernière heure. »
1 Jean 2 :18

1 an = 12 mois

- 1 an = 12 mois
- 1 an = 12 mois   36 mois
- 1 an = 12 mois   +   **42 mois équivalent à 3,5 ans**
- ½ an = 6 mois   6 mois

o. L'apocalypse de l'Antichrist : « *Pour qu'alors paraisse l'homme de la révolte. Le Seigneur Jésus le fera périr par le souffle de sa bouche, et le réduira à l'impuissance au moment même de sa venue* » **2 Thessaloniciens 2 :8**[56]

p. Quels seront la fin et le châtiment de l'Antichrist ? : « *Je vis la bête et les rois de la terre. Ils avaient rassemblé leurs armées pour combattre le Cavalier et son armée. La bête fut capturée et, avec elle, le faux prophète qui avait accompli des signes miraculeux pour le compte de la bête. Par ces miracles, il avait trompé les hommes qui portaient la marque de la bête et qui avait adoré son image. Ils furent tous deux jetés vifs dans l'étang ardent de feu et de soufre. Les autres hommes furent tués par l'épée qui sort de la bouche du Cavalier. Et tous les oiseaux se rassasièrent de leur chair.* » **Apocalypse 19 : 19-21**[57]

Que dit la Bible aux enfants de Dieu à propos de la venue et des agissements de l'antichrist ? Quelle attitude les enfants de Dieu doivent –ils adopter à l'endroit des faux prophètes ? Quel style de vie doivent-ils mener pour les échapper ? Et enfin comment affronter un tel adversaire et le vaincre ? C'est ce que nous verrons dans la seconde partie de cette œuvre.

---

[56] 2 Thessaloniciens 2 :3 ; Jean 17 :12 ; Apocalypse 13 :30

[57] Zacharie 14 : 2-9 ; 2 Thessaloniciens 2 : 8.

« Mes enfants, la dernière heure a commencé. Vous avez appris qu'un « anti-Christ » doit venir. Or, dès à présent, beaucoup d'antichrists sont là. Voilà pourquoi nous savons que nous sommes entrés dans la dernière heure. »
1 Jean 2 :18

I.
MISES EN GARDE DE LA BIBLE VIS-A-VIS DES ENFANTS DE DIEU FACE A L'ANTICHRSIT.

La Bible est la Parole vivante de Dieu. Il est un livre saint qui nous permet de connaitre Dieu à travers sa Parole. Il n'est point d'autre livre à part la Bible qui puisse nous rapprocher de Dieu. Dans la Bible, nous découvrons la raison d'être de notre existence et l'incommensurable amour que Dieu à pour nous les hommes. C'est pourquoi elle est la vie et en elle, nous avons la vie. *« Au commencement était celui qui est la Parole de Dieu. Il était avec Dieu, il était lui-même Dieu. Tout a été créé par lui ; rien de ce qui a été créé n'a été créé sans lui. En lui résidait la vie, et cette vie était la lumière des hommes.*[58] *»*

Nous vous recommandons de lire et relire incessamment entièrement la Bible en plus de ces extraits que nous avons retenus pour vivre selon la parole de Dieu dans l'amour, la foi, la sanctification, l'obéissance à Dieu, la justice.

1. CHRETIEN FACE AU MONDE MAUVAIS ET AUX ANTICHRISTS

Le monde est pervers et vaniteux. Il s'agit ici du monde païen, celui dominé par le mal et le péché. La Bible nous exhorte de nous retirer de ce monde c'est-à-dire de ses attraits et plaisirs futiles. Notre source de vie et l'objet de tout notre bonheur ici bas se réside dans la Bible. En tant que chrétien, membre du corps de Christ, l'obéissance à la Parole de Dieu est la raison d'être de notre existence. Dieu nous aime tous puisqu'Il nous a créés à son image mais Il hait le péché qui se trouve en nous. Mais par la mort de son Fils Jésus-Christ sur la croix du calvaire, nous avons la rédemption à travers son Sang coulé qui nous purifie de tous nos péchés. Le monde passera un jour mais le salut que Dieu nous offre demeure éternel.

Jésus nous dit dans le livre de **Jean 10 : 27 à 30** : *« Mes brebis écoutent ma voix, je les connais et elle me suivent. Je leur donne la vie éternelle : jamais elles ne périront et personne ne pourra les arracher de ma main. Mon Père qui me les a*

---

[58] Jean 1 : 1 - 4

« Mes enfants, la dernière heure a commencé. Vous avez appris qu'un « anti-Christ » doit venir. Or, dès à présent, beaucoup d'antichrists sont là. Voilà pourquoi nous savons que nous sommes entrés dans la dernière heure. »
1 Jean 2 :18

données est plus grand que tous, et personne ne peut arracher qui que ce soit de la main de mon Père. Or, moi et le Père, nous ne sommes qu'un. »

L'apôtre Jean nous exhorte aussi en ces termes : « *N'aimez pas le monde ni rien de ce qui fait partie de ce monde. Si quelqu'un aime le monde, l'amour pour le Père n'est pas en lui. En effet, tout ce qui fait partie du monde : les mauvais désirs qui animent l'homme livré à lui-même, la soif de posséder ce qui attire les regards, et l'orgueil qu'inspirent les biens matériels, tout cela ne vient pas du Père, mais du monde. Or le monde passe avec tous ses attraits, mais celui qui accomplit la volonté de Dieu demeure éternellement.* » **1 Jean 2 : 15 – 19**

2. <u>**DISTINGUEZ LES VRAIS PROPHETES DES PROPHETES DE MENSONGE**</u>

Nous sommes ballottés ces derniers temps par des histoires inimaginables, des théories et doctrines troublantes. Ceux qui prétendent donner la signification de ces choses sortent de nulle part. La consultance des marabouts, des charlatans, des voyants est monnaie courante et le phénomène va croissant. Ils nous poussent à faire des rituels incompréhensibles voire à la consultation des esprits divers, celui de la mort, de la « vie », de la « beauté », de la « richesse », de la « fécondité », de « l'intelligence », du « pouvoir »… Ils nous donnent des solutions et réponses fallacieuses à nos questions et problèmes. Elles ne durent jamais leurs solutions et elles sont toujours conditionnées par quelque chose qui nous est très chère. Ces choses là, la Bible nous a déjà prévenus et nous les a révélés. Or, la patience est l'un des fruits de l'Esprit de Dieu. Dieu en tant que Créateur du Ciel et de la Terre[59], Il est le Maître par excellence de tout l'univers. Tout ce qui s'y trouve dans l'univers a été créé par Lui[60], toute chose l'appartient.

---

[59] Genèse 1 : 1

[60] Genèse 1 : 1 - 31

« Mes enfants, la dernière heure a commencé. Vous avez appris qu'un « anti-Christ » doit venir. Or, dès à présent, beaucoup d'antichrists sont là. Voilà pourquoi nous savons que nous sommes entrés dans la dernière heure. »
1 Jean 2 :18

Dieu nous connais mieux que nous même. Nous Lui appartenons, nous qui reconnaissons Jésus-Christ comme notre Sauveur et Seigneur personnel. Tout esprit qui ne confesse pas le nom de Jésus-Christ est l'esprit du malin, parce qu'il ne vient pas de Dieu, la distinction est nette et claire. C'est pourquoi l'apôtre Jean nous : *« Mais attention, mes chers amis, ne vous fiez pas à n'importe quel esprit ; mettez les esprits à l'épreuve pour voir s'ils viennent de Dieu, car bien des prophètes de mensonge se sont répandus à travers le monde. Voici comment savoir s'ils d'agit de l'Esprit de Dieu : tout esprit qui reconnait que Jésus-Christ est devenu véritablement un homme, vient de Dieu. Tout esprit, au contraire, qui ne reconnait pas ce Jésus-là ne vient pas de Dieu. C'est là l'esprit de « l'anti-Christ » dont vous avez entendu annoncer la venue. Eh bien, dès à présent, cet esprit est dans le monde. Vous, mes enfants, vous appartenez à Dieu et vous avez la victoire sur ces prophètes de mensonge, car celui qui est vous est plus puissant que celui qui inspire ce monde. Eux, ils font partie du monde. C'est pourquoi ils tiennent le langage du monde, et le monde les écoute. Nous, nous appartenons à Dieu. Celui qui connait Dieu nous écoute, mais celui qui n'appartient pas à Dieu ne nous écoute pas. De cette manière, nous pouvons distinguer l'esprit de la vérité de l'esprit de l'erreur. »* **1 Jean 4 : 1 – 6**

3. **OBJET DE LA LETTRE : AVERTIR CONTRE LES FAUX DOCTEURS**

IL s'agit ici toujours des faux docteurs, des prophètes du mensonge qui usent de leur expertise en tromperie pour nous détourner de la voix du Salut divin. Les armes à leur encontre sont la prière et la foi en Dieu. Ces rebelles à Dieu se sont infiltrés parmi les enfants de Dieu et sont d'ailleurs condamnés à l'avance nous le dit la Bible.

Ils contestent la vérité biblique par des arguments futiles, des pratiques subtiles et malicieuses en déforment les histoires bibliques en des faits de société ou des humours banals. L'exemple des téléphones portables en est un. On peut appeler ce

« Mes enfants, la dernière heure a commencé. Vous avez appris qu'un « anti-Christ » doit venir. Or, dès à présent, beaucoup d'antichrists sont là. Voilà pourquoi nous savons que nous sommes entrés dans la dernière heure. »
1 Jean 2 :18

phénomène : le « *syndrome de Toto*[61] ». Nous recevons sur nos boites de messagerie de nos cellulaires des messages relatifs aux histoires de la Bible déformée en humour voire montée de toute pièce pour amuser. Qu'est ce qui se cache derrière ces choses là ? L'objectif est-il simplement de nous distraire (rire) ou bien d'inculquer une connaissance erronée des histoires bibliques. Soyons vigilent. Parfois c'est une histoire imaginaire sur Dieu et le Diable, où les hommes de Dieu voire des paroles de bénédiction vide de sens. Ces choses là sont courantes partout même sur Internet, c'est même devenu un pain quotidien de certains chrétiens imprudents.

Ce phénomène prend place au sein des églises à travers des théâtres et des sketchs. Il est vrai que si nous voulons interpréter des histoires bibliques à travers les scènes, soyons fidèles. Si nous voulons dénoncer une mauvaise pratique au sein de l'église à travers une scène, contentons nous de produire ce que nous voulons critiquer et passons notre message d'interpellation. Tout ce temps que nous prenons à ces choses, nous permet d'évangéliser par sms[62]. Soyons vigilent sur des messages que nous recevons ou que nous envoyons aux autres.

Il n'y a pas d'illusion à ce qu'on se fasse sur ce sujet. Il n'y a pas une contrefaçon de vivre avec Jésus-Christ et vivre un évangile erroné. Appartenir à Dieu, c'est faire sa volonté et demeurer en Jésus-Christ. Jude, le serviteur de Jésus-Christ nous exhorte en ces termes : « *Mes chers amis, j'avais le vif désir de vous écrire au sujet du Salut qui nous est commun. J'ai vu la nécessité de la faire maintenant afin de vous recommander de lutter pour la foi qui a été transmise une fois pour toute à ceux qui*

---

[61] En effet, Toto est un personnage qu'on retrouve dans les manuels scolaires de lecture ou des livres de bandes dessinées. Il est en fait un petit garçon purement et simplement négatif dans tout ce qu'il fait. Il incarne en fait le contraire de tout ce qui peut être bien fait ou bien appris. A la maison tout comme à l'école, parmi ses amis, partout, Toto se fait remarquer par sa maladresse, son ignorance et son imprudence. Il est en fait néant en tout et cela fait rire à tout le monde. En somme Toto est l'incarnation de l'inutile et sujet de raillerie. Le « *Syndrome Toto* » désigne donc le phénomène de ce personnage qui tend à contrefaire l'évangile.

[62] Short message system « système message court »

« Mes enfants, la dernière heure a commencé. Vous avez appris qu'un « anti-Christ » doit venir. Or, dès à présent, beaucoup d'antichrists sont là. Voilà pourquoi nous savons que nous sommes entrés dans la dernière heure. »
1 Jean 2 :18

appartiennent à Dieu. Car des hommes dont la condamnation est depuis longtemps annoncée dans l'Ecriture se sont infiltrés parmi nous. Ils n'ont aucun respect pour Dieu et travestissent en débauche la grâce de notre Dieu en reniant Jésus-Christ, notre seul Maitre et Seigneur. » **Jude 3 – 4**

4. MISE EN GARDE CONTRE LES FAUX APOTRES

Tout comme Eve, ne nous laissons pas emporter par des paroles mensongères ou des propos rebelles. En effet, les vents de différentes doctrines religieuses soufflent de partout de nos jours. Tel dit ça et l'autre vient le contredire ou dit le contraire, tel autre reformule autrement en y introduisant ses propres concepts. Certaines disent votre façon de prier n'est pas la bonne, d'autres formalise des méthodes de prières ou prédication de l'évangile et ceci reste comme un standard à observer, d'autres par contre n'approuve pas la manifestation du Saint-Esprit, d'autres invoquent les Esprits des morts dans leurs prières. Ce que dit la Bible est la vérité. La Bible est la Parole de Dieu et en elle, il y'a la vie. Il y'a un seul Jésus, le Messie, celui que la Bible nous parle de lui. Tout ce que Jésus nous enseigne est la vérité et cette vérité est la Parole de Dieu. Que nos oreilles soient réceptives à son évangile et que nos esprits ne se troublent point. Comme nous le dit l'apôtre Paul : *« Or, j'ai bien peur que vous laissiez votre esprit se corrompre et se détourne de votre attachement sincère et pur au Christ, comme Eve s'est laissé séduire par le mensonge « tortueux » du serpent. Si quelqu'un vient vous annoncer un autre Jésus que celui que nous avons prêché, vous le supportez fort bien ! Vous supportez bien, aussi, de recevoir un autre esprit que celui que vous avez reçu, ou un autre évangile que celui que vous avez accepté »* **2 Corinthiens 11 : 3 – 4**

5. LES FAUX DOCTEURS ET LE SORT QUI LES ATTEND

Les faux docteurs tiennent de grands discours et flattent des gens pour en tirer profit. Dieu exercera son jugement sur eux. Tout ce que Dieu dit, Il l'accomplit. Sa Parole ne retourne pas à Lui sans avoir accomplit son dessein. Il vaut mieux ne pas être né voire ne pas exister que d'être né et subir le châtiment de Dieu. Par l'amour

« Mes enfants, la dernière heure a commencé. Vous avez appris qu'un « anti-Christ » doit venir. Or, dès à présent, beaucoup d'antichrists sont là. Voilà pourquoi nous savons que nous sommes entrés dans la dernière heure. »
1 Jean 2 :18

que Dieu à envers nous les hommes, son Esprit Saint demeure continuellement parmi nous et nous inspire de sa Parole divine. Lorsque nous demeurons en Jésus-Christ, nous sommes épargnés du triste sort que Dieu réserve aux pécheurs. Jude nous le dit dans son livre ceci : « *A eux aussi s'applique la prophétie d'Hénoc, le septième patriarche depuis Adam, qui dit : Voici, le Seigneur va venir avec ses milliers d'anges pour exercer son jugement sur tous, et pour faire rendre compte, à tous ceux qui ne le respectent pas, de tous les actes qu'ils ont commis dans leur révolte et de toutes les insultes que ces pécheurs sacrilèges ont proférées contre lui* » **Jude 14 - 15**

6. **LA FIDELITE A LA VERITE**

Aujourd'hui les gens soulèvent des polémiques sur des histoires et fêtes bibliques à savoir la fête de Noël célébré le 25 décembre, l'histoire de la transformation de l'eau en vin à la noce de Cana[63], le baptême d'eau, Jésus vu comme un simple prophète que quiconque par certains qui rejettent sa nature divine et conteste ses enseignements. En son temps tout comme en notre temps, ils sont nombreux et ne se lassent point à leurs allégations. Prenons garde, la vérité elle réside en Jésus et par lui, nous avons la vie. Ne nous écartons pas de Christ et que sa Parole demeure en nous. De ce fait, nous sommes en communion avec Dieu. Ne perdons pas les fruits de nos efforts, prenons garde, veillons comme des soldats, prions sans cesse. Soyons fidèle à Jésus, à ses enseignements et sa Parole et nous n'aurons rien à craindre. Notre sécurité et assurance résident en Jésus notre Seigneur et Sauveur personnel. L'apôtre Jean nous dit ceci : « *Un grand nombre de personnes qui entrainent les autres dans l'erreur se sont répandues à travers le monde. Ils ne reconnaissent pas que Jésus-Christ est devenu véritablement un homme. Celui qui parle ainsi est trompeur, c'est l'anti-Christ. Prenez donc garde à vous-mêmes, pour que vous ne perdiez pas le fruit de nos efforts, mais que vous receviez une pleine récompense. Celui qui ne reste pas attaché à l'enseignement qui concerne le Christ, mais s'en écarte, n'a pas de communion avec Dieu. Celui qui reste attaché à cet enseignement*

---

[63] Jean 2 : 1 - 11

> « Mes enfants, la dernière heure a commencé. Vous avez appris qu'un « anti-Christ » doit venir. Or, dès à présent, beaucoup d'antichrists sont là. Voilà pourquoi nous savons que nous sommes entrés dans la dernière heure. »
> **1 Jean 2 :18**

est uni au Père comme au Fils. Si quelqu'un vient vous trouver et ne vous apporte pas cet enseignement, ne l'accueillez pas dans votre maison, et ne lui adressez pas la salutation fraternelle. Celui qui lui souhaiterait la bienvenue se rendrait complice de ses œuvres mauvaises. » **2 Jean 7 – 11**

7. <u>VOUS ETES BIEN ENSEIGNES : L'ENFANT DE DIEU NE S'ADONNE PAS AU PECHE</u>

Dieu est trois fois Saint, son règne n'a pas de fin et il ne change point. Dieu haït le péché mais nous aime les hommes, nous sommes créés à son image. C'est pourquoi, Jésus nous dit dans sa Parole : « *Oui, Dieu a tant aimé le monde qu'il a donné son fils unique, pour que tous ceux qui placent leur confiance en lui échappent à la perdition et qu'ils aient la vie éternelle*[64]. » Tous les enseignements de Jésus nous montre à vivre selon la volonté de Dieu et à l'obéissance de sa Parole. Celui qui est juste est né de lui. La vie dans le péché nous écarte de Dieu. Par sa grâce, Jésus nous a rachetés du péché par la rançon de son sang. Etant chrétien et appartenant à Christ, fuyons le mal et cherchons sans cesse à vivre dans la sanctification. L'apôtre nous dit une qualité suprême et sublime de Jésus que nous devons être : « *Vous savez que le Christ est juste ; reconnaissez, par conséquent, que tout homme qui accomplit ce qui est juste est né de lui.* » **1 Jean 2 : 29**[65]

---

[64] Jean 3 : 16

[65] 1 Jean 3 : 1 à 10.

« Mes enfants, la dernière heure a commencé. Vous avez appris qu'un « anti-Christ » doit venir. Or, dès à présent, beaucoup d'antichrists sont là. Voilà pourquoi nous savons que nous sommes entrés dans la dernière heure. »
1 Jean 2 :18

8. **LE COMMANDEMENT D'AIMER**

Aimons-nous les uns les autres comme Dieu nous a aimés. L'amour est le noyau des enseignements de Jésus. Nous pouvons, tous faire, tout entreprendre pour le bien de l'humanité, faire de grands miracles et prodiges, mais si l'amour ne réside pas en nous, cela n'est rien. Voici donc ce que l'apôtre Paul reçut de Dieu à propos de l'amour : *« L'amour est patient, il est plein de bonté, l'amour. Il n'est pas envieux, il ne cherche pas à se faire valoir, il ne s'enfle pas d'orgueil. Il ne fait rien d'inconvenant. Il ne cherche pas son propre intérêt, il ne s'aigrit pas contre les autres, il ne trame pas le mal. L'injustice l'attriste, la vérité le réjouit. En toute occasion, il pardonne, il fait confiance, il espère, il persévère. L'amour n'aura pas de fin. Les prophéties cesseront, les langues inconnues prendront fin, et la connaissance particulière cessera.[...]En somme, trois choses demeurent : la foi, l'espérance et l'amour, mais la plus grande d'entre elles, c'est l'amour*[66]*. »* Etant, chrétien, membre du corps de Christ, tout ce qui peut nous amené à former une Eglise c'est l'amour. Nous ne pouvons pas prétendre vivre en Christ sans toutefois aimer son prochain, l'amour est fondamental au sein d'une Eglise et en une condition sine quo non. En ces termes l'apôtre Jean nous exhorte ceci : *« A présent, chère Dame*[67]*, voici ce que je te demande – ce n'est pas un commandement nouveau que je t'écris, c'est celui que nous avons reçu dès le commencement : aimons-nous les uns les autres. Et voici en quoi consiste l'amour : c'est que nous vivons selon les commandements de Dieu. Tel est le commandement selon lequel nous devons vivre, comme vous l'avez entendu depuis le commencement : il n'a pas d'autre but que de vous amener à vivre dans l'amour. »* **2 Jean 5 – 6**

---

[66] 1 Corinthiens 13 : 4, 5, 6, 7, 8, 13.

[67] Il faut très certainement prendre le terme de Kyria (féminin de kyrios, le Seigneur) dans le sens symbolique : l'épitre est adressée à une Eglise, ses enfants en sont les membres.

« *Mes enfants, la dernière heure a commencé. Vous avez appris qu'un « anti-Christ » doit venir. Or, dès à présent, beaucoup d'antichrists sont là. Voilà pourquoi nous savons que nous sommes entrés dans la dernière heure.* »
1 Jean 2 :18

9. **PROGRESSER SUR LE FONDEMENT DE VOTRE FOI TRES SAINTE**

La foi est l'assurance de ce que l'on espère et de ce que l'on ne voit pas par définition. La force d'une vie chrétienne se réside dans la prière. Notre prière émane de la foi que nous avons en Dieu. En tant que Chrétien, nous sommes la lumière du monde et nous devons briller et être exemplaire par nos comportements. Laissons la vie Jésus-Christ notre sauveur se manifester en nous et suivons ses pas. L'Esprit de Dieu nous guidera en toute chose, il nous consolera et il nous inspirera en tout temps et en tout lieu si nous demeurons dans la foi en Dieu. De part notre lumière nous attirons et arracheront les hommes, des ténèbres à la lumière. C'est pourquoi, Jude nous exhorte : « *Mais vous, mes chers amis, bâtissez votre vie sur le fondement de votre foi très sainte. Priez par le Saint-Esprit. Maintenez-vous dans l'amour de Dieu en attendant que notre Seigneur Jésus-Christ, dans sa bonté, vous accorde la vie éternelle. Ayez de la pitié pour ceux qui doutent, sauvez ceux qui peuvent l'être en les arrachant au feu. Pour les autres, ayez de la pitié, mais avec de la crainte, en évitant jusqu'au moindre contact qui pourrait vous contaminer.* » **Jude 20 – 23**

Aussi l'apôtre Paul nous exhorte : « *Quant à l'époque et au moment de ces événements, vous n'avez pas besoin, frères qu'on vous écrive à ce sujet : vous savez fort bien vous-mêmes que le jour du Seigneur viendra de façon aussi inattendu qu'un voleur en pleine nuit. [...] Mais vous, mes frères, vous n'êtes pas dans les ténèbres pour que le jour du Seigneur vous surprenne comme un voleur. Car vous êtes tous enfants de la lumière, enfants du jour. Nous n'appartenons ni à la nuit ni aux ténèbres. Ne dormons donc pas comme le reste des hommes, mais restons vigilants et sobres. Ceux qui dorment, dorment la nuit, et ceux qui s'enivrent, s'enivrent la nuit. Mais nous qui sommes enfants du jour, soyons sobres : revêtons-nous de la cuirasse de la foi et de l'amour, et mettons le casque de l'espérance du salut. Car Dieu ne nous a pas destinés à connaitre sa colère, mais à posséder le salut par notre Seigneur Jésus-Christ : il est mort pour nous afin que, vivants ou morts, nous entrions ensemble, avec lui, dans la vie.* » **1 Thessaloniciens 5 : 1, 2, 4 – 10**

« Mes enfants, la dernière heure a commencé. Vous avez appris qu'un « anti-Christ » doit venir. Or, dès à présent, beaucoup d'antichrists sont là. Voilà pourquoi nous savons que nous sommes entrés dans la dernière heure. »
1 Jean 2 :18

10. <u>COMMENT POUVONS-NOUS ECHAPPER A UN TEL ADVERSAIRE[68] ET LE VAINCRE ?</u>

Bien que nous appartenions à Christ, nous passerons par les tribulations, les oppressions et les tentations, mais Jésus-Christ a vaincu le monde. Le courage du Chrétien réside dans la foi en lui en tout temps et tout lieu. *« Il fallait que je vous dise aussi cela pour que vous trouviez la paix en moi. Dans le monde, vous aurez à souffrir bien des afflictions[69]. Mais courage ! Moi, j'ai vaincu le monde. »* **Jean 16 : 33**

Dieu dans sa souveraineté et sa justice ne tardera pas écraser Satan à nos pieds. *« Le Dieu qui donne la Paix ne tardera pas à écraser Satan sous vos pieds. Que la grâce de notre Seigneur Jésus soit avec vous. »* **Romains 16 : 20**

Dieu est fidèle à nous ses enfants et jamais Il permettra que nous soyons tentés au delà de nos forces. Il est un Dieu de la victoire en toute chose. *« Les tentations[70] qui vous ont assaillis sont communes à tous les hommes. D'ailleurs, Dieu est fidèle et il ne permettra pas que vous soyez tentés au-delà de vos forces. Au moment de la tentation, il préparera le moyen d'en sortir pour que vous puissiez y résister. »* **1 Corinthiens 10 : 13**[71]

---

[68] Le Diable

[69] Grande douleur morale, malheur.

[70] Il y'a tentation lorsque Satan use de moyens de séductions pour entrainer l'homme dans le péché. Il faut signaler toutefois que dans la Bible le mot de « tentation » a parfois le sens « d'épreuve ». Il importe donc de bien faire la distinction entre la tentation qui vient du diable, et l'épreuve qui vient de Dieu.

[71] 1 Corinthiens 15 : 26

« Mes enfants, la dernière heure a commencé. Vous avez appris qu'un « anti-Christ » doit venir. Or, dès à présent, beaucoup d'antichrists sont là. Voilà pourquoi nous savons que nous sommes entrés dans la dernière heure. »
1 Jean 2 :18

En nous soumettant à Dieu, nous n'avons qu'un seul maître, Lui. Et donc Satan fuira loin de nous par l'autorité du nom de Jésus. « *Soumettez-vous donc à Dieu, résistez au diable, et il fuira loin de vous.* » **Jacques 4 : 7**

Celui qui sert Dieu, fait sa volonté comme Jésus-Christ l'a fait. Et c'est précisément ce que Christ est venu faire sur la terre, détruire les œuvres du diable. « *Celui qui s'adonne au péché appartient au diable, car le diable pèche dès le commencement. Or, le Fils de Dieu est précisément apparu pour détruire les œuvres du diable.* » **1 Jean 3 :8**

La victoire est dans le Sang de Jésus. Puisque Jésus vit en nous, nous avons la victoire sur les prophètes du mensonge. Le discernement d'esprit et la maitrise de soi sont des acquis pour les enfants de Dieu parce que Christ est en eux. « *Vous, mes enfants, vous appartenez à Dieu et vous avez la victoire sur ces prophètes de mensonge, car celui qui est en vous est plus puissant que celui qui inspire ce monde.* » **1 Jean 4 : 4**

Le châtiment réservé au diable et ses agents est le tourment éternel. Malgré toutes les attaques du diable à l'endroit des enfants, il sera vaincu. Notre existence ici bas, est un combat perpétuel, si nous le menons pour la cause de Christ et que nous demeurons fidèles, nous aurons la couronne de la Vie. « *Il se saisit du dragon, de ce Serpent ancien qui est le diable et Satan. Il l'enchaina pour mille ans. […] Alors le diable, qui les trompait, fut jeté dans l'étang de feu et de soufre: il y rejoignit la bête et le faux prophète et ils y subiront des tourments, jour et nuit, pendant l'éternité.* » **Apocalypse 20: 2, 10**

La Bible est également claire en ce qui concerne le retour du Seigneur. Il reviendra en Roi puissant et glorieux puisqu'une promesse du retour de Christ a été clairement mentionnée. Cependant, quelles sont les choses qui doivent arriver à la fin des temps ? Au moment de son retour (Christ) qu'arrivera t-il à l'humanité ? De

« Mes enfants, la dernière heure a commencé. Vous avez appris qu'un « anti-Christ » doit venir. Or, dès à présent, beaucoup d'antichrists sont là. Voilà pourquoi nous savons que nous sommes entrés dans la dernière heure. »
1 Jean 2 :18

quoi s'agit-il l'enlèvement ? Quel sera le sort de l'Eglise ? Quel sera le sort des Juifs ? Quel sera le sort de Satan ? Qu'est ce que le Millénium et le Jugement dernier ? C'est ce que nous verrons amplement dans la troisième partie de cette œuvre.

« Mes enfants, la dernière heure a commencé. Vous avez appris qu'un « anti-Christ » doit venir. Or, dès à présent, beaucoup d'antichrists sont là. Voilà pourquoi nous savons que nous sommes entrés dans la dernière heure. »
1 Jean 2 :18

II.
LE RETOUR DE JESUS-CHRIST

1. APOCALYPSE[72]

« Révélation de Jésus-Christ. Cette révélation, Dieu l'a confiée à Jésus-Christ pour qu'il montre à ses serviteurs ce qui doit arriver bientôt ; et Jésus-Christ, en envoyant son ange, l'a fait connaitre à son serviteur Jean » **Apocalypse 1 : 1.**

En effet, le livre Apocalypse est le dernier livre de la Bible. Il parait bien mystérieux par ce qu'il contient et par la portée de ses révélations. Le livre est rempli d'allusions à des textes des prophètes de l'Ancien Testament. Il contient beaucoup de chiffres symboliques dont le sens échappe parfois l'intelligence humaine. En tout cas, le chiffre sept, qui exprime la perfection divine, joue un rôle essentiel dans la structure et le contenu du livre. Pour illustrer cela, il y'a sept grandes parties dans ce livre qui portent tous le chiffre sept à savoir selon ordre chronologique : Les lettres aux sept Eglises[73], Les sept sceaux[74], Les sept trompettes[75], Les sept signes ou

---

[72] L'Apocalypse, du grec « apokalupsis », signifie « apparaitre » ou « dévoiler ». Il existe encore un autre mot grec « epiphaneia », qui signifie « éclat » ou « visibilité ». De là vient le mot épiphanie. Enfin le mot grec « parousia » « présence » ou « arrivée » est souvent employé pour décrire la visite d'un roi ou d'un gouverneur.

[73] Apocalypse ch. 1 et 2

[74] Apocalypse 4. 1 à 8.6

[75] Apocalypse 8.7 à 11.19

> « Mes enfants, la dernière heure a commencé. Vous avez appris qu'un « anti-Christ » doit venir. Or, dès à présent, beaucoup d'antichrists sont là. Voilà pourquoi nous savons que nous sommes entrés dans la dernière heure. »
> **1 Jean 2 :18**

visions[76], les sept coupes de la colère de Dieu[77], Les sept paroles sur Babylone[78], L'aboutissement de l'histoire, en sept visions[79].

Aujourd'hui, l'Apocalypse reste un livre qui maintient les chrétiens en éveil dans l'attente de : « *celui qui est, qui était et qui vient*[80] ».

2. **LA PROMESSE DU RETOUR DU SEIGNEUR**[81]

- Jésus a promis qu'Il revient. En disant cela à ses disciples, il leur disait ensuite que le chemin qui conduit vers le Père, c'est lui: « *Jésus dit : Que votre cœur ne*

---

[76] Apocalypse 12.1 à 15.8

[77] Apocalypse 16.1 - 20

[78] Apocalypse 17.1 à 19.10

[79] Apocalypse 19.11 à 21.8

[80] Apocalypse 1 : 4

[81] L'Ancien Testament avait clairement prédit la première venue de Christ en fournissant même les détails sur sa mort, précisant qu'il devait subir la crucifixion. Chose étrange, ces détails échappèrent à la plupart des juifs de l'Ancienne Alliance, aussi restèrent-ils aveugles lorsque les événements annoncés se réalisèrent devant eux. Il est intéressant de noter que la Bible donne autant de précisions sur le retour personnel et visible de Christ que sur sa première venue dans l'humiliation. Elle annonce qu'il reviendra avec puissance et dans une grande gloire. Jésus lui-même parle plus de vingt fois de son retour et l'on a calculé qu'il y a, dans le Nouveau Testament, plus de deux cent allusions de cet événement. De même que Jésus a accompli les prophéties relatives à sa première venue, il accomplira, nous en sommes certains, celles qui concernent son retour glorieux. La promesse est formelle.

« Mes enfants, la dernière heure a commencé. Vous avez appris qu'un « anti-Christ » doit venir. Or, dès à présent, beaucoup d'antichrists sont là. Voilà pourquoi nous savons que nous sommes entrés dans la dernière heure. »
1 Jean 2 :18

se trouble pas. Ayez foi en Dieu : ayez aussi foi en moi. Dans la maison de mon Père, il y'a beaucoup de demeures ; si ce n'était pas vrai, je vous l'aurais dit : en effet je vais vous préparer une place. Lorsque je vous aurai préparé une place, je reviendrai et je vous prendrai avec moi, afin que vous soyez, vous aussi, là où je suis. Mais vous connaissez le chemin de l'endroit où je me rends. » **Jean 14 : 1- 4.**

- Les anges ont annoncé le retour du Seigneur : « *Ils gardaient encore les yeux fixés au ciel pendant qu'il s'éloignait, quand deux hommes vêtus de blanc se présentèrent devant eux et leur dirent : Hommes de Galilée, pourquoi restez-vous ainsi à regarder le ciel ? Ce Jésus qui a été enlevé au ciel du milieu de vous, en redescendra un jour de la même manière que vous l'avez vu y monter.* » **Actes 1 :10 - 11.**

- Sa première venue dans les nuées pour prendre son Eglise avec Lui dans les airs : « *Nous ne voulons pas, frères, vous laisser dans l'ignorance au sujet de ceux qui sont décédés, afin que vous ne soyez pas tristes de la même manière que le reste des hommes, qui n'ont pas d'espérance. En effet, puisque nous croyons que Jésus est mort et ressuscité, nous croyons aussi que Dieu ramènera par Jésus et avec lui ceux qui sont morts. Car voici ce que nous vous déclarons d'après une parole du Seigneur : nous qui serons restés en vie au moment où le Seigneur viendra, nous ne précéderons pas ceux qui sont morts. En effet, au signal donné, sitôt que la voix de l'archange et le son de la trompette divine retentiront, le Seigneur lui-même descendra du ciel, et ceux qui sont morts unis au Christ ressusciteront les premiers. Ensuite, nous qui serons restés en vie à ce moment-là, nous serons enlevés ensemble avec eux, dans les nuées, pour rencontrer le Seigneur dans les airs. Ainsi nous serons pour toujours avec le Seigneur. Encouragez-vous donc mutuellement par ces paroles*» **1 Thessaloniciens 4 : 13 – 18**[82].

---

[82] 1. Corinthiens 15 : 51 – 53.

« *Mes enfants, la dernière heure a commencé. Vous avez appris qu'un « anti-Christ » doit venir. Or, dès à présent, beaucoup d'antichrists sont là. Voilà pourquoi nous savons que nous sommes entrés dans la dernière heure.* »
1 Jean 2 :18

3. <u>AVANT SON RETOUR CERTAINES PROPHETIES DOIVENT SE REALISER</u>[83]

Nous entendons partout les bruits de guerres et des menaces de guerre. La grande partie des informations que diffusent les médias porte sur les guerres, les génocides, les tremblements de terre, les inondations … Tellement le mal est dominant, l'amour du prochain n'est plus. Les gens de mauvais cœur se cachent derrière la pauvreté, la mendicité, la misère pour dépouiller les gens de bon cœur en y portant atteinte à leur vie parfois. Quand tu veux aider, la probabilité que tu perdes ta vie est grande. Parfois en retour de tes bienfaits c'est l'ingratitude que l'on te jette en pleine figure. Les secours humanitaires sont animés la plupart par des mauvaises intentions qui sont dissimulées. Ils deviennent de nos jours un fond de commerce et à aucun moment le sort pitoyable des nécessiteux est résolu. Les enfants de Dieu tout comme les hommes de Dieu se trahiront et ils se haïssent pour des intérêts égoïstes.

Jésus étant sur le mont de l'Oliviers disait ceci à ses disciples : « *Vous entendrez parler des guerres et de menaces de guerres. Attention ! ne vous laissez pas troubler par ces nouvelles, car cela doit arriver, mais ce ne sera pas encore la fin. En effet, on verra se dresser une nation contre une nation, un royaume contre un autre ; il y aura des famines et des tremblements de terre en divers lieux. Mais ce ne seront que les premières douleurs de l'enfantement. Alors on vous persécutera et l'on vous mettra à mort. Toutes nations vous haïront à cause de moi. A cause de cela, beaucoup abandonneront la foi, ils se trahiront et se haïront les uns les autres. De nombreux faux prophètes surgiront et ils tromperont beaucoup de gens. Parce que le mal ne cessera de croître, l'amour du plus grand nombre refroidira. Mais celui qui tiendra bon jusqu'au bout sera sauvé.*» **Matthieu 24 : 6, 7, 8, 9, 10**[84]

- <u>Quoique dispersés sur la face du monde, les Juifs resteront une nation.</u>

---

[83] Les Ecritures insistent sur la nécessité d'être constamment prêt pour ce retour, comme s'il allait avoir lieu d'un moment à l'autre. 2 Thessaloniciens 2 : 1 - 12

[84] Matthieu 24 : 14 – 51 ; 25 : 5, 19

« Mes enfants, la dernière heure a commencé. Vous avez appris qu'un « anti-Christ » doit venir. Or, dès à présent, beaucoup d'antichrists sont là. Voilà pourquoi nous savons que nous sommes entrés dans la dernière heure. »
1 Jean 2 :18

- *« Alors l'Eternel votre Dieu aura compassion de vous : il vous restaurera et vous rassemblera pour vous faire revenir de chez tous les peuples parmi lesquels il vous aura dispersés. »* **Deutéronome 30 : 3**

- *« Il adviendra en ce jour-là que le descendant d'Isaï[85] se dressera comme un étendard pour les peuples, et toutes les nations se tourneront vers lui. Le lieu où il se tiendra resplendira de gloire. Ce jour-là, le Seigneur interviendra une seconde fois[86] pour libérer le reste de son peuple qui aura subsisté en Assyrie et en Egypte, à Patros et en Ethiopie, à Elam, en Babylonie, et à Hamath[87], ainsi que dans les îles et les régions côtières. »* **Esaïe 11 : 10 - 12**[88]

- *« O nations, écoutez ce que dit l'Eternel et faites-le connaitre dans les îles lointaines et les régions côtières. Dites que l'Eternel qui disperse Israël viendra le rassembler, il veillera sur lui comme un berger sur son troupeau, parce que l'Eternel délivrera Jacob, et le libérera d'un ennemi plus fort que lui. Les voici qui reviennent avec des cris de joie sur la colline de Sion ; ils affluent vers les biens que l'Eternel a préparés pour eux : le blé, le vin nouveau et l'huile, les moutons et les bœufs. Leur vie sera comme un jardin bien arrosé et ils n'auront plus de chagrins. Alors les jeunes filles danseront dans la joie, de même que les jeunes gens et les vieillards. Et je transformerai leur deuil en allégresse, je les consolerai de leurs chagrins, oui, je les réjouirai. »* **Jérémie 31 : 10 - 13**[89]

---

85 L'hébreu à : la racine d'Isaï

86 La première fois étant la sortie de l'Egypte

87 Patros : La Haute Egype ; Elam : La Perse ; Hamath : Ville de Syrie

88 Esaïe 60 : 9

89 Jérémie 30 : 11, 18

« Mes enfants, la dernière heure a commencé. Vous avez appris qu'un « anti-Christ » doit venir. Or, dès à présent, beaucoup d'antichrists sont là. Voilà pourquoi nous savons que nous sommes entrés dans la dernière heure. »
1 Jean 2 :18

- *« Je vous retirerai des nations, je vous rassemblerai de tous les pays étrangers et je vous ramènerai dans votre pays. »* **Ezéchiel 36 : 24**[90]

- *« Frère, je ne veux pas que vous restiez dans l'ignorance de ce mystère, pour que vous ne croyiez pas détenir en vous-mêmes une sagesse supérieure : l'endurcissement d'une partie d'Israël durera jusqu'à ce que l'ensemble des non-juifs soit entré dans le peuple de Dieu, et ainsi, tout Israël sera sauvé. C'est là ce que dit l'Ecriture : de Sion viendra le Libérateur ; il éloignera de Jacob toute désobéissance. »* **Romains 11 : 25**

- <u>L'Evangile doit être annoncé jusqu'aux extrémités de la terre.</u>

De nos jours, en plus de l'imprimerie, la radio et la télévision, l'internet et le téléphone mobile ont considérablement révolutionné les technologies de communication et d'information. Leurs fiabilités et rapidités sont sans pareille et fascinantes. Il y'a aussi les voix de communication aérienne, terrestre et maritime s'agissant des infrastructures nouvelles qui sont très performantes. Bien aussi les moyens de transport sophistiqué, rapide et performant (avions, train à grandes vitesse, paquebots, bus, véhicules …). Voyager d'un bout de la terre à un autre ou d'un continent à un autre n'est qu'une question d'heure ou de quelques jours seulement actuellement. Nous osons penser qu'ils serviront aussi certainement de canaux susceptibles de réaliser cette prophétie en termes d'accessibilité des extrémités de la terre.

- *« Cette Bonne Nouvelle du règne de Dieu sera proclamée dans le monde entier pour que tous les peuples en entendent le témoignage. Alors seulement viendra la fin. »* **Matthieu 24 : 14**

- *« Et il leur dit : - Allez dans le monde entier, annoncez la Bonne Nouvelle à tous les hommes. »* **Marc 16 : 15**

---

[90] Ezéchiel 36 : 25 – 36 ; 37 : 1 - 11

« Mes enfants, la dernière heure a commencé. Vous avez appris qu'un « anti-Christ » doit venir. Or, dès à présent, beaucoup d'antichrists sont là. Voilà pourquoi nous savons que nous sommes entrés dans la dernière heure. »
1 Jean 2 :18

- De nombreuses sectes se réclament de Christ

Ce dernier siècle a vu se multiplier les divisions et grandir le nombre des sectes hérétiques et de mouvements pseudo-religieux. La science chrétienne, l'humanisme (conception philosophique qui place l'homme et les valeurs humaines au-dessus de tout), l'athéisme (opinion des athées, ceux qui ne croient pas que Dieu existe), la théosophie (spéculation de certaines illuminés qui prétendent se mettre en communication avec la divinité, celle-ci étant présente partout dans le monde), le libéralisme moderne (doctrine des libéraux, de ceux qui sont partisans des libertés individuelles dans un Etat, tolérance à l'égard des opinions d'autrui) et la pornographie (écrit, dessin de caractère obscène, qui blesse ouvertement la pudeur), le spiritisme (doctrine qui a pour fondement la communication avec les âmes des morts), l'occultisme (l'ensemble des sciences occultes, celles qui s'intéressent à ce qui est mystérieux), et dernièrement la théologie néo-rationalisme (la bible est remplacée par la raison) ; enfin l'art nouveau dans la sculpture, la peinture, la musique et l'architecture, aussi le sport et les jeux de tout genre sont le reflet du désarroi.

- *« Car plusieurs viendront sous mon nom en disant : « je suis le Messie », et ils tromperont beaucoup de gens. [...] De nombreux faux prophètes surgiront et ils tromperont beaucoup de gens. [...] De faux christs surgiront, ainsi que de faux prophètes. Ils produiront des signes extraordinaires et des prodiges au point de tromper, si c'était possible, ceux que Dieu a choisis. [...] Voilà, je vous ai prévenus !»* **Matthieu 24 : 5, 11, 24, 25**

- *« - Alors on vous dira : « Le Christ est ici ! » ou « Il est là » N'y allez pas ! ne vous précipitez pas ! »* **Luc 17 : 23**[91]

---

[91] 2 Thessaloniciens 2 : 3

« Mes enfants, la dernière heure a commencé. Vous avez appris qu'un « anti-Christ » doit venir. Or, dès à présent, beaucoup d'antichrists sont là. Voilà pourquoi nous savons que nous sommes entrés dans la dernière heure. »
1 Jean 2 :18

- *« Cependant, l'Esprit déclare clairement que, dans les derniers temps, plusieurs se détourneront de la foi parce qu'ils s'attacheront à des esprits trompeurs et à des enseignements inspirés par des démons. »* **1 Timothée 4 : 1**

- *« Autrefois, il y a eu des prophètes de mensonge parmi le peuple d'Israël ; il en sera de même parmi vous. Ces enseignants de mensonge introduiront subtilement parmi vous des erreurs qui mènent à la perdition. Ils renieront le Maître qui les a rachetés et attireront ainsi sur eux une perdition soudaine. Beaucoup de gens les suivront dans leur immoralité et, à cause d'eux la voix de la vérité sera discréditée. »* **2 Pierre 2 : 1-2**

- Le temps des nations[92]

Entre 1916 et 1922, l'Empire ottoman (Turquie) fait l'objet de tractations entre la France et l'Angleterre. A la Société des Nations[93], se met alors en place le principe du Mandat, selon lequel "les peuples qui ne sont pas encore capables de se gouverner devront être administrés par les nations avancées". La Palestine sera sous Mandat britannique entre 1920 et 1948. Le Document du Mandat, tel qu'il sera ratifié par la Société des Nations en 1922, contiendra le texte intégral de la Déclaration Balfour. Elle fut rédigée le 2 Novembre 1917 relative à la création d'un foyer national juif en Palestine constituant une étape décisive dans le sionisme. En lisant dans le livre de Luc, il est dit ceci : *« Ses habitants seront passés au fil de l'épée ou déportés dans tous les pays étrangers, et Jérusalem sera occupée par les païens jusqu'à ce que le temps de leur domination soit révolu. »* **Luc 21 : 24**

4. **AU MOMENT DE SON RETOUR**

- Des calamités

---

[92] Voir Copie de la Déclaration annexe

[93] Actuelle ONU (Organisation des Nations Unies)

« Mes enfants, la dernière heure a commencé. Vous avez appris qu'un « anti-Christ » doit venir. Or, dès à présent, beaucoup d'antichrists sont là. Voilà pourquoi nous savons que nous sommes entrés dans la dernière heure. »
1 Jean 2 :18

Des Tremblements de terre, des crises politiques et économiques seront d'une fréquence sans précédent. Les Communautés économiques et politiques vacillent et sont perpétuellement précaires. L'Union Européenne (la crise de l'Euro qui fragilise l'économie et tend à mettre en sac la politique de toute la zone euro), l'Union Africaine (la crise au Mali, en Centrafrique, en Egypte…), le Printemps arabe (Libye, Tunisie, Egypte…), le surendettement des Etats-Unis, le conflit entre l'Israël et la Palestine, les Menaces de guerres terroristes de part le monde, les poches de conflits dormants attendant la moindre étincelle pour s'éclater ne sont pas du reste. L'écosystème est menacé et les phénomènes climatiques, écologiques et sismiques sont légions. La nature va en dépérissant au jour le jour. Les exemples de crises sont de tout genre et très nombreux, chaque jour une nouvelle crise rallonge la liste. L'impiété fera de rapides progrès et des persécutions religieuses s'ensuivront. Le fanatisme et l'intégrisme religieux ont pris une très grande ampleur et une tournure sans pareille de nos jours. Les gens se servent du nom de Dieu pour massacrer les autres dans l' « espoir » de rétablir l' « ordre ». Les Eglises sont vides, des fidèles cherchent leurs réconforts moraux ailleurs auprès des charlatans et leaders charismatiques. Les hommes s'adonnent dans les sectes pernicieuses et à des idoles les poussant à faire des rites crapuleux, funestes et macabres.

- *« - Va, Daniel, ces paroles sont tenues secrètes et scellées jusqu'au temps de la fin. Beaucoup seront purifiés, blanchis et éprouvés comme par le feu. Les méchants se conduiront avec perversité et aucun d'eux n'aura la sagesse de comprendre, mais ceux qui auront du discernement comprendront. »* **Daniel 12 : 9 – 10**[94]

- *« Alors on vous persécutera et l'on vous mettra à mort. Toutes les nations vous haïront à cause de moi. A cause de cela, beaucoup abandonneront la foi, ils se trahiront et se haïront les uns les autres. […] Car à ce moment-là, la détresse sera plus terrible que tout ce qu'on a connu depuis le commencement du monde ; et jamais plus, on ne verra pareille souffrance. »* **Matthieu 24 : 9, 10, 21**

- *« Sache bien que dans la période finale de l'histoire, les temps seront difficiles. Les hommes seront égoïstes, avides d'argent, vantards et prétentieux. Ils*

---

[94] Sophonie 1 : 14 - 18

« Mes enfants, la dernière heure a commencé. Vous avez appris qu'un « anti-Christ » doit venir. Or, dès à présent, beaucoup d'antichrists sont là. Voilà pourquoi nous savons que nous sommes entrés dans la dernière heure. »
1 Jean 2 :18

parleront de Dieu d'une manière injurieuse et n'auront pas d'égards pour leurs parents. Ils seront ingrats, dépourvus de respect pour ce qui est sacré, sans cœur, sans pitié, calomniateurs, incapables de se maîtriser, cruels, ennemi du bien ; emportés par leurs passions et enflés d'orgueil, ils seront prêts à toutes les trahisons. Ils aimeront le plaisir plutôt que Dieu. Certes, ils resteront attachés aux pratiques extérieures de la religion mais, en réalité, ils ne voudront rien savoir de ce qui en fait la force. Détourne-toi de ces gens-là. » **2 Timothée 3 : 1 – 5**

- Un grand nombre de Juifs retourneront en Israël

    - *« Il dressera son étendard pour les nations ; quant aux exilés d'Israël, il les rassemblera, et les dispersés de Juda, il les regroupera des quatre coins du monde. »* **Esaïe 11 : 12**

    - *« Il me dit : - Fils d'homme, ces ossements-là, c'est toute la communauté d'Israël. Voici ce qu'ils disent : « Nos os sont desséchés ! Notre espérance s'est évanouie, notre vie est brisée. » […] Je mettrai mon Esprit en vous et vous revivrez, et je vous établirai de nouveau dans votre pays ; alors vous reconnaitrez que moi, l'Eternel, j'ai parlé et agi, l'Eternel le déclare. » […] et tu leur diras : « Voici ce que déclare le Seigneur, l'Eternel : je vais prendre les Israélites du milieu des nations où ils sont allés, je les rassemblerai de tous les pays alentours, je les ramènerai dans leur pays, et je ferai d'eux une seule nation dans le pays, sur les montagnes d'Israël. Un roi unique règnera sur eux tous, ils ne formeront plus deux nations et ne seront plus divisés en deux royaumes. »* **Ezéchiel 37 : 11, 14, 21, 22**

- La chrétienté indifférente, formaliste et endormie.

L'apostasie sera mondiale. Le rejet de Dieu sera mondial. Les gens ne se préoccuperont plus des écritures et ne s'attendront pas que la fin des temps est proche. L'argent, le plaisir mondain, la culture, le sport deviendront les idoles pour beaucoup de gens. Les gens ne serviront pas Dieu d'un seul cœur. L'Eglise se videra de son rôle premier qui est d'évangéliser le Christ en s'attachant aux attraits de ce monde.

« Mes enfants, la dernière heure a commencé. Vous avez appris qu'un « anti-Christ » doit venir. Or, dès à présent, beaucoup d'antichrists sont là. Voilà pourquoi nous savons que nous sommes entrés dans la dernière heure. »
1 Jean 2 :18

- *« Comme il était assis sur le mont des Oliviers, ses disciples s'approchèrent, le prirent à part, et lui demandèrent : - Dis-nous quand cela se produira et quel signe annoncera ta venue et la fin du monde. Jésus leur répondit : - Faites bien attention que personne ne vous induise en erreur [...] Alors on vous persécutera et l'on vous mettra à mort. Toutes les nations vous haïront à cause de moi. A cause de cela, beaucoup abandonneront la foi, ils se trahiront et se haïront les uns les autres. [...] Parce que le mal ne cessera de croitre, l'amour du plus grand nombre se refroidira. [...]De faux christs surgiront, ainsi que de faux prophètes. Ils produiront des signes extraordinaires et des prodiges au point de tromper, si c'était possible, ceux que Dieu a choisis.[...] Pour cette même raison, vous aussi, tenez-vous prêts, car c'est à un moment que vous n'auriez pas imaginé que le fils de l'homme viendra. »* **Matthieu 24 : 3, 4, 9, 12, 24, 44**[95]

- *« Qu'il ne vous trouve pas en train de dormir s'il revient à l'improviste ! »* **Marc 13 : 36**

- *« - Le jour où le Fils de l'homme reviendra, les choses se passeront comme au temps de Noé. Les gens mangeaient, buvaient, se mariaient et étaient donnés en mariage, jusqu'au jour où Noé entra dans le bateau. Alors vint le déluge qui les fit tous périr. [...] Il en sera de même le jour où le Fils de l'homme apparaitra.»* **Luc 17 : 26, 27, 30**[96]

- <u>Une poignée de chrétiens seulement seront dans l'attente de son retour.</u>

La parabole des dix jeunes filles que Jésus nous raconte illustre amplement ce point. Elles étaient dix à attendre le marié pour la noce, mais cinq d'entre elles seulement sont entrées dans la salle noce. Il en sera de même pour les chrétiens. Nous les comptons des milliers de part le monde mais seront-ils tous prêts et préparés pour

---

[95] Matthieu 25 : 1 - 13

[96] Luc 18 : 8 ; 21 : 34 – 35 ; 1 Thessaloniciens 5 : 1- 6 ; 2 Pierre 3 : 3 – 4 ; Apocalypse 3 : 15 - 18

« Mes enfants, la dernière heure a commencé. Vous avez appris qu'un « anti-Christ » doit venir. Or, dès à présent, beaucoup d'antichrists sont là. Voilà pourquoi nous savons que nous sommes entrés dans la dernière heure. »
1 Jean 2 :18

le retour de Christ. C'est pourquoi Christ dit : « *Tenez-vous en éveil, car vous ne savez ni le jour, ni l'heure de ma venue[97].* »

- « *Ce jour-là, il en sera du royaume des cieux comme de dix jeunes filles qui prirent leurs lampes et s'en allèrent à la rencontre du marié. Cinq d'entre elles étaient insensées, les cinq autres étaient avisées : les jeunes filles insensées prirent leurs lampes sans penser à emporter de réserve d'huile, […] Alors les jeunes filles insensées s'adressèrent à celles qui étaient avisées : « donnez-nous de votre huile, car nos lampes sont en train de s'éteindre. » »* **Matthieu 25 : 1 – 3, 8**.

- « *Car il s'abattra comme un filet sur tous les habitants de la terre. Restez sur vos gardes et priez sans relâche que Dieu vous donne la force d'échapper à tout ce qui doit arriver et de vous présenter debout devant le Fils de l'homme.* » **Luc 21 : 35-3**

5. L'Enlèvement

- « *L'éclair jaillit d'un point du ciel et l'illumine d'un bout à l'autre. Ainsi en sera-t-il du fils de l'homme en son jour.* » **Luc 17 : 24**

- « *Cette nuit-là, je vous le dis, deux personnes seront couchées dans un même lit : l'une sera emmenée, l'autre sera laissée. Deux femmes seront entrain de tourner ensemble la pierre de meule : l'une sera emmenée, l'autre laissée. Deux hommes seront dans un champ : l'un sera emmené, l'autre laissé.* » **Luc 17 : 34 – 36**

- « *Voici, je vais vous révéler un mystère : nous ne passerons pas tous par la mort, mais nous serons tous transformés en un instant, en un clin d'œil, au son de la trompette dernière. Cat, lorsque cette trompette retentira, les morts ressusciteront pour être désormais incorruptibles, tandis que nous, nous serons changés. En effet, ce corps corruptible doit revêtir d'incorruptibilité et ce corps mortel doit se revêtir d'immortalité.* » **1 Corinthiens 15 : 51 – 53**

---

[97] Matthieu 25 : 13

« Mes enfants, la dernière heure a commencé. Vous avez appris qu'un « anti-Christ » doit venir. Or, dès à présent, beaucoup d'antichrists sont là. Voilà pourquoi nous savons que nous sommes entrés dans la dernière heure. »
1 Jean 2 :18

- *« Nous ne voulons pas, frères, vous laisser dans l'ignorance au sujet de ceux qui sont décédés, afin que vous ne soyez pas tristes de la même manière que le reste des hommes qui n'ont pas d'espérance. En effet, puisque nous croyons que Jésus est mort et ressuscité, nous croyons aussi que Dieu ramènera par Jésus et avec lui ceux qui sont morts. Car voici ce que nous vous déclarons d'après une parole du Seigneur : nous qui serons restés e, vie au moment où le Seigneur viendra, nous ne précéderons pas ceux qui sont morts. En effet, au signal donné, sitôt que la trompette divine retentiront, le Seigneur lui-même descendra du Ciel, et ceux qui sont morts unis au Christ ressusciteront les premiers. Ensuite, nous qui seront restés en vie à ce moment-là, nous serons enlevés ensemble avec eux, dans les nuées, pour rencontrer le Seigneur dans les airs. Ainsi nous serons pour toujours avec le Seigneur. »* **1 Thessaloniciens 4 : 13- 17**

- **L'Eglise durera un temps avec Lui dans les airs.**

    a. Ce qui va se passer dans les airs

Satan qui est pour le moment le prince des airs. Satan ne pourra continuer à occuper les airs, mais il sera précipité sur la terre pour que l'Eglise et son époux puissent célébrer leur mariage dans les airs.

- *« Par ces actes, vous conformiez alors votre manière de vivre à celle de ce monde et vous suiviez le chef des puissances spirituelles mauvaises, cet esprit qui agit maintenant dans les hommes rebelles à Dieu. »* **Ephésiens 2 :2**

- *« Alors une bataille s'engagea dans le ciel : Michel et ses anges combattirent contre le dragon, et celui-ci les combattit avec ses anges ; mais le dragon ne remportera pas la victoire et ne put maintenir leur position au ciel. Il fut précipité, le grand dragon, le serpent ancien, qu'on appelle le diable et Satan, celui qui égare le monde entier. Il fut précipité sur la terre, et ses anges furent précipités avec lui. Puis j'entendis dans le ciel une voix puissante qui disait : Maintenant, le temps du salut est arrivé. Maintenant, notre Dieu a manifesté sa puissance et instauré son règne. Maintenant, son Messie a pris l'autorité en mains. Car l'accusateur de nos frères, celui qui, jour et nuit, les a accusés devant Dieu, a été jeté hors du ciel. Mais eux, ils l'ont vaincu grâce au sang de l'Agneau et grâce au témoignage qu'ils ont rendu pour lui, car ils ont rendu pour lui, car ils n'ont pas aimé leur vie jusqu'à redouter de mourir. Réjouis-toi*

« Mes enfants, la dernière heure a commencé. Vous avez appris qu'un « anti-Christ » doit venir. Or, dès à présent, beaucoup d'antichrists sont là. Voilà pourquoi nous savons que nous sommes entrés dans la dernière heure. »
1 Jean 2 :18

donc, ô ciel, et vous qui habitez au ciel, réjouissez-vous ! Mais malheur à la terre et malheur à la mer : le diable est descendu vers vous rempli de rage car il sait qu'il lui reste très peu de temps. » **Apocalypse 12 : 7 – 12**

b. <u>Le jugement de l'Eglise</u>

Le trône par lequel l'Eglise sanctifiée du Seigneur passera pour être jugée, est appelé le Tribunal de Christ.

- *« Aussi, que nous restions dans ce corps ou que nous le quittions, notre ambition est de plaire au Seigneur. Car nous aurons tous à comparaitre devant le tribunal du Christ, et chacun recevra ce qui lui revient selon les actes, bons ou mauvais, qu'il aura accomplis par son corps. »* **II Corinthiens 5 : 9-10**.

- <u>Il s'agit ici du jugement des œuvres des croyants qui seront sauvés</u>

« Pour ce qui est du fondement, nul ne peut en poser un autre que celui qui est déjà en place, c'est-à-dire Jésus-Christ. Or on peut bâtir sur ce fondement avec de l'or, de l'argent, des pierres précieuses ou du bois, du chaume ou du torchis de paille. Mais le jour du jugement montrera clairement la qualité de l'œuvre de chacun et la rendra évidente. En effet, ce jour sera comme un feu qui éprouvera l'œuvre de chacun pour en révéler la nature. Si la construction édifiée sur le fondement résiste à l'épreuve, son auteur recevra son salaire ; mais si elle est consumée, il en subira les conséquences. Lui, personnellement, sera sauvé, mais tout juste, comme un homme qui réussit à échapper au feu. » **I Corinthiens 3 : 11-15**[98].

- <u>Après le jugement, la noce de l'Agneau et la Sainte cène aura lieu</u>

« Je vous le déclare : Désormais, je ne boirai plus du fruit de la vigne jusqu'au jour où je boirai le vin nouveau avec vous dans le royaume de mon Père. » **Matthieu 26 : 29**.

---

[98] Galates 6 : 7-10

« *Mes enfants, la dernière heure a commencé. Vous avez appris qu'un « anti-Christ » doit venir. Or, dès à présent, beaucoup d'antichrists sont là. Voilà pourquoi nous savons que nous sommes entrés dans la dernière heure.* »
1 Jean 2 :18

6. CE QUI VA SE PASSER APRES L'ENLEVEMENT DE L'EGLISE

- L'apparition de l'impie et la grande tribulation

    - « *Vous savez ce qui le retient pour l'instant afin qu'il ne paraisse que lorsque son heure sera venue.* » **II Thessaloniciens 2 :6**.

- L'antéchrist conclura une alliance avec les Israélites après l'enlèvement de l'Eglise (c'est-à-dire au commencement de la tribulation d'une semaine) et leur accordera l'autorisation de reconstruire leur temple à Jérusalem.

    « *L'oint conclura une alliance ferme avec un grand nombre pendant une septaine et, à la moitié de la septaine, il fera cesser le sacrifice et l'offrande. Dans le Temple sera établie l'abominable profanation, et cela durera jusqu'à ce que l'entière destruction qui a été décrétée s'abatte sur le dévastateur.* » **Daniel 9 :27**.

- La grande tribulation qui doit arriver à la fin des temps durera une semaine. Les semaines de la prophétie sont des semaines d'années en Israël toutes les septièmes années s'appelaient « Années sabbatiques » et marquaient le calcul du calendrier Juif. Une semaine sabbatique est égale à sept ans (7 ans).

« *Sur le mont de Sinaï, l'Eternel s'adressa à Moïse en ces termes : Dis aux Israélites : Quand vous serez entrés dans le pays que je vais vous donner, la terre elle-même se reposera ; pour l'Eternel, vous la laisserez se reposer. Pendant six ans, tu ensemenceras ton champ, et pendant six ans, tu tailleras ta vigne et tu en récolteras les produits. Mais la septième année sera un sabbat, une année de repos pour la terre, on la laissera se reposer en l'honneur de l'Eternel ; tu n'ensemenceras pas ton champ et tu ne tailleras pas ta vigne. Tu ne moissonneras pas ce qui poussera tout seul de ta moisson précédente, et tu ne vendangeras pas les raisons de la vigne non taillée, afin de donner une année de repos à la terre. Vous vous nourrirez de ce que la terre produira pendant son temps de repos, toi, ton serviteur, ta servante, ton ouvrier journalier et les étrangers résidant chez vous, ainsi que ton bétail et les animaux sauvages qui vivent dans ton pays : tout produit des terres leur servira de nourriture.*» **Lévitique 25 : 1-7**.

« Mes enfants, la dernière heure a commencé. Vous avez appris qu'un « anti-Christ » doit venir. Or, dès à présent, beaucoup d'antichrists sont là. Voilà pourquoi nous savons que nous sommes entrés dans la dernière heure. »
1 Jean 2 :18

- Cette période de sept ans (7 ans) se divise dans les écrits prophétiques en deux parties égales de trois ans et demie (3,5 ans), leur durée est aussi désignée par un temps des temps et la moitié d'un temps.

« Il proférera des paroles contre le Très-Haut, opprimera les membres du peuple saint, entreprendra de changer le calendrier et la loi ; pendant trois temps et demi, le peuple saint sera livré à sa merci. » **Daniel 7 : 25**[99].

La première partie de la grande tribulation

- La première partie de la grande tribulation durera quarante deux (42) mois soit trois (3 ans et demi). Il fut donné à la bête de faire la guerre aux Saints et les vaincre.

« Il lui fut donné une gueule pour proférer des discours arrogants et insultants contre Dieu. Elle reçut le droit d'exercer son autorité pendant quarante-deux mois. Elle ouvrit sa gueule pour proférer des blasphèmes et insulter Dieu, la Tente où il demeure et ceux dont la demeure est au ciel. Il lui fut même permis de faire la guerre à ceux qui appartiennent à Dieu et de les vaincre. Elle reçut autorité sur tout peuple, toute tribu, toute langue et toute nation » **Apocalypse 13 : 5-7.**

- Les Saints mentionnés ici sont ceux qui ont manqué l'enlèvement mais qui ont à présent décidé de rester fidèles à Christ et à sa Parole. Ils sont de toute tribu, de toute langue et de toute nation. Ces Saints sont mentionnés dans ce verset ci après.

« Après cela, je vis une foule immense, que nul ne pouvait dénombrer. C'étaient des gens de toute nation, de toute tribu, de tout peuple, de toute langue. Ils se tenaient debout devant le trône et devant l'Agneau, vêtus de tuniques blanches et ils avaient à la main des branches de palmiers. Ils proclamaient d'une voix forte : Le salut appartient à notre Dieu qui siège sur le trône, des vieillards et des quatre êtres vivants. Ils se prosternèrent face contre terre devant le trône et ils adorèrent Dieu en disant : Amen ! A notre Dieu soient la louange, la gloire et la sagesse, la reconnaissance et l'honneur, la puissance et la force pour toute éternité ! Amen ! Alors l'un des vieillards prit la parole et me demanda : - ces gens vêtus d'une tunique blanche, qui sont-ils et d'où sont-ils venus ? Je lui répondis : - Mon seigneur,

---
99 Daniel 12 : 7

> *« Mes enfants, la dernière heure a commencé. Vous avez appris qu'un « anti-Christ » doit venir. Or, dès à présent, beaucoup d'antichrists sont là. Voilà pourquoi nous savons que nous sommes entrés dans la dernière heure. »*
> **1 Jean 2 :18**

c'est toi qui le sais. Il reprit : - ce sont ceux qui viennent de la grande détresse. Ils ont lavé et blanchi leurs tuniques dans le sang de l'Agneau. » **Apocalypse 7 : 9-14.**

- Il s'agit du reste fidèle qui refusera de porter la marque de la bête « l'antéchrist » sur leurs mains droites ou sur leurs fronts, ils mourront en martyrs.

« Ensuite je vis une autre bête monter de la terre. Elle portait deux cornes semblables à celles d'un agneau, mais elle parlait comme un dragon. Cette nouvelle bête exerçait tout le pouvoir de la première bête en sa présence. Elle amenait la terre et ses habitants à adorer la première bête, celle qui avait été guérie de sa blessure mortelle. Elle accomplissait des signes miraculeux, faisant tomber le feu du ciel sur la terre à la vue de tout le monde. Par les signes miraculeux qu'il lui fut donné d'accomplir au service de la première bête, elle égarait tous les habitants de la terre. Elle leur demandait de faire une image de la bête qui avait été frappée de l'épée et qui était de nouveau vivante. Il lui fut même donné d'animer l'image de la bête, et l'image se mit à parler et elle faisait mourir ceux qui refusaient de l'adorer. Elle amena tous les hommes, gens du peuple et grands personnages, riches et pauvres, hommes libres et esclaves, à se faire marquer d'un signe sur la main droite ou sur le front. Et personne ne pouvait acheter ou vendre sans porter ce signe : soit le nom de la bête, soit le nombre correspondant à son nom. » **Apocalypse 13 : 11-17.**

- Ils ressusciteront au milieu de la tribulation de sept (7) ans. Leur résurrection est comparée à la moisson de la terre.

« Alors je vis une nuée blanche sur laquelle siégeait quelqu'un qui ressemblait à un fils d'homme. Il avait sur la tête une couronne d'or et tenait à la main une faucille bien tranchante. Puis un autre ange sortit du Temple, criant d'une voix forte à celui qui siégeait sur la nuée : - lance ta faucille et moissonne ! Car l'heure est venue de moissonner et la moisson de la terre est mûre. Celui qui siégeait sur la nuée lança sa faucille sur la terre, et la terre fut moissonnée. » **Apocalypse 14 : 14-16.**

- Plus tard on les voit sur la mer de verre mêlée de feu.

« Je vis aussi comme une mer cristalline mêlée de feu. Ceux qui avaient vaincu la bête, son image et le nombre de son nom se tenaient sur la mer de cristal. S'accompagnant de harpes divines. » **Apocalypse 15 : 2**[100].

---

[100] Apocalypse 4 : 6.

« Mes enfants, la dernière heure a commencé. Vous avez appris qu'un « anti-Christ » doit venir. Or, dès à présent, beaucoup d'antichrists sont là. Voilà pourquoi nous savons que nous sommes entrés dans la dernière heure. »
1 Jean 2 :18

La deuxième partie de la grande tribulation

- Durant la moitié de la semaine l'antéchrist fera cesser le sacrifice et l'offrande.

« L'oint conclura une alliance ferme avec un grand nombre pendant une septaine et, à la moitié de la septaine, il fera cesser le sacrifice et l'offrande. Dans le Temple sera établie l'abominable profanation, et cela durera jusqu'à ce que l'entière destruction qui a été décrétée s'abatte sur le dévastateur. » **Daniel 9 :27**

Et comme des abominations telles que le sanctuaire est profané, il se proclamera Dieu.

« Le roi agira à sa guise, il s'enorgueillira et se croira plus grand que tous les dieux, même plus grand que le Dieu des dieux, il proférera des blasphèmes inouïs contre lui et il parviendra à ses fins jusqu'à ce que la colère divine soit parvenue à son comble. Alors ce qui est décrété s'accomplira. Il n'aura de considération ni pour les dieux de ses ancêtres, ni pour la divinité chère aux femmes, ni pour aucun autre dieu, car il se placera au-dessus de tous. Mais il vénérera le dieu des forteresses en son lieu, il rendra un culte à une divinité que n'ont pas connue ses ancêtres et il lui offrira de l'or, de l'argent, des pierres précieuses et d'autres objets de valeur. » **Daniel 11 : 36-38**[101].

- Les Israélites subiront une grande persécution entre les mains de l'antéchrist et la force du peuple Saint sera entièrement brisée.

« Alors l'homme vêtu de lin qui se tenait au-dessus des eaux du fleuve leva sa main droite et sa main gauche vers le ciel et je l'entendis déclarer : - Je le jure par celui qui vit à jamais : ce sera dans un temps, deux temps et la moitié d'un temps. Quand la force du peuple saint sera entièrement brisée, alors toutes ces choses s'accompliront. J'entendis ces réponses sans les comprendre. C'est pourquoi je redemandai : - Mon Seigneur, quelle sera l'issue de tous ces événements ? Il me répondit : - Va, Daniel, ces paroles sont tenues secrètes et scellées jusqu'au temps de la fin. Beaucoup seront purifiés, blanchis et éprouvés comme par le feu. Les méchants se conduiront avec perversité et aucun d'eux n'aura la sagesse de comprendre, mais ceux qui auront du discernement comprendront. Depuis le moment où l'on fera

---

[101] Apocalypse 13 : 3-6 ; Matthieu 24 : 15

« Mes enfants, la dernière heure a commencé. Vous avez appris qu'un « anti-Christ » doit venir. Or, dès à présent, beaucoup d'antichrists sont là. Voilà pourquoi nous savons que nous sommes entrés dans la dernière heure. »
1 Jean 2 :18

cesser le sacrifice perpétuel et où l'on installera l'abominable profanation s'écouleront 1 290 jours. Heureux celui qui attendra et qui parviendra jusqu'au 1 335ème jour ! Quant à toi, tiens jusqu'à la fin et tu entreras dans le repos. Puis, à la fin des temps, tu te relèveras pour recevoir la part qui t'est échue. » **Daniel 12 : 7-13**[102].

- Au cours de cette période Dieu enverra du ciel les deux témoins (c'est-à-dire Enoch et Elie qui ont été enlevés vivants au ciel à la fin de leurs ministères terrestres). Ils prophétiseront pendant la seconde moitié de la tribulation de sept (7) ans et ils encourageront les Israélites à tenir ferme pour Dieu et à ne pas craindre les menaces de l'antéchrist.

« Je confierai à mes deux témoins la mission de prophétiser, habillés de vêtements de deuil, pendant mille deux cent soixante jours. Ces deux témoins sont les deux oliviers et les deux chandeliers qui se tiennent devant le Seigneur de la Terre. Si quelqu'un veut leur faire du mal, un feu jaillit de leur bouche et consume leurs ennemis. Oui, si quelqu'un veut leur faire du mal, c'est ainsi qu'il lui faudra mourir. Ces deux témoins ont le pouvoir de fermer le ciel pour empêcher la pluie de tomber durant tout le temps où ils prophétiseront. Ils ont aussi le pouvoir de changer les eaux en sang et de frapper la terre de toutes sortes de plaies, aussi souvent qu'ils le voudront» **Apocalypse 11 : 3-6).**

- Quand les deux témoins achèveront leur témoignages, la bête qui monte de l'abîme leur fera la guerre et les vaincra (tuer).

« Mais lorsqu'ils auront achevé de rendre leur témoignage, la bête qui monte de l'abîme combattra contre eux, elle les vaincra et les tuera. Leurs cadavres resteront exposés sur la place de la grande ville qui s'appelle symboliquement Sodome et Egypte, c'est la ville où leur Seigneur a été crucifié. Des gens de tout peuple, de toute tribu, de toute langue et de toute nation regarderont leurs cadavres pendant trois jours et demi et s'opposeront à leur ensevelissement. Tous les habitants de la terre seront dans la joie à cause de leur mort, ils s'en réjouiront et échangeront des cadeaux, car ces deux prophètes leur auront causé bien des tourments. Mais au bout de ces trois jours et demi, un esprit de vie venu de Dieu entra en eux, ils se dressèrent sur leurs pieds. La terreur s'empara de tous les assistants. Une voix puissante venant

---

102 Apocalypse 13 : 7-9 ; Daniel 7 : 25

« Mes enfants, la dernière heure a commencé. Vous avez appris qu'un « anti-Christ » doit venir. Or, dès à présent, beaucoup d'antichrists sont là. Voilà pourquoi nous savons que nous sommes entrés dans la dernière heure. »
1 Jean 2 :18

du ciel cria aux deux témoins : « Montez ici ! » ; ils montèrent au ciel dans la nuée sous les regards de leurs ennemis. Au même instant se produisit un grand tremblement de terre qui fit s'effondrer la dixième partie de la ville et, dans ce tremblement de terre, sept mille personnes périrent. Les survivants furent saisis d'effroi, et rendirent hommage au Dieu du ciel. Le deuxième malheur est passé ; voici, le troisième malheur vient rapidement. » **Apocalypse 11 : 7-14.**

- Cette période s'achèvera par le châtiment de l'homme impie, l'apparition du Seigneur pour la bataille d'Harmaguedon (le terme Harmaguedon signifie la montagne de Meguido, elle se trouve au Nord-Ouest de la plaine de Jizreel. L'Ancien testament mentionne comme une place force militaire) et apporter la délivrance d'Israël. La purification de Jérusalem avant de rejoindre l'Eglise.

« Alors, en ce jour-là, j'entreprendrai de détruire toute nation qui viendra pour combattre contre Jérusalem. Je répandrai alors sur la famille de David et sur ceux qui habitent Jérusalem un Esprit de pitié et de supplication. Alors ils tourneront leurs regards vers moi, celui qu'ils auront transpercé. Ils porteront le deuil pour lui comme on porte le deuil pour un enfant unique ; ils pleureront sur lui tout comme on pleure amèrement pour son fils premier-né. En ce jour là, il y aura un très grand deuil dans tout Jérusalem, comme le deuil d'Hadadrimmôn dans la vallée de Meguiddo. »
Zacharie 12 : 9-11.

7. <u>ETABLISSEMENT DU REGNE DE MILLE ANS (MILLENIUM[103]) A LA FIN DE LA TRIBULATION</u>

- L'établissement du règne de mille ans de Christ

« Puis je vis un ange descendre du ciel. Il tenait à la main la clé de l'abime et une grande chaine. Il se saisit du dragon, de ce serpent ancien qui est le diable et Satan. Il l'enchaina pour mille ans. Il le précipita dans l'abime qu'il ferma au-dessus de lui, en y mettant des scellés afin que le dragon ne puisse plus égarer les peuples avant le terme des mille ans. Après cela, il doit être relâché pour un peu de temps. En suite je vis des trônes. On remit le jugement entre les mains de ceux qui y prirent place. Je vis

---

[103] Millénium signifie mille ans, et est formé des deux mots latins « mille » (mille) et « annum » (année). Ce mot s'applique à la période du règne de Christ sur la terre.

« Mes enfants, la dernière heure a commencé. Vous avez appris qu'un « anti-Christ » doit venir. Or, dès à présent, beaucoup d'antichrists sont là. Voilà pourquoi nous savons que nous sommes entrés dans la dernière heure. »
1 Jean 2 :18

aussi les âmes de ceux qu'on avait décapités à cause du témoignage rendu par Jésus et à cause de la Parole de Dieu. Je vis encore tous ceux qui n'avaient pas adoré la bête ni son image et qui n'avaient pas reçu sa marque sur leur front et leur main. Ils revinrent à la vie et régnèrent avec le Christ pendant mille ans. » **Apocalypse 20 : 1-4**

8. LA BATAILLE D'HARMAGUEDON

- Les sept (7) coupes de la colère de Dieu n'épargneront pas la terre, la mer, les fleuves et les sources, le soleil ; le trône de la bête, l'Euphrate[104] et les airs.

« J'entendis une voix forte venant du Temple dire aux sept anges : - Allez et versez sur la terre les sept coupes de la colère divine ! Le premier s'en alla et versa sa coupe sur la terre. Un ulcère malin et douloureux frappa les hommes qui portaient la marque de la bête et qui adoraient son image. Le deuxième ange versa sa coupe dans la mer ; celle-ci devint comme le sang d'un mort, et tous les êtres vivants de la mer périrent ! Le troisième ange versa sa coupe sur les fleuves et les sources : les eaux se changèrent en sang. Alors j'entendis l'ange qui a autorité sur les eaux dire : - Tu es juste, toi qui es et qui étais, toi le Saint, d'avoir ainsi fait justice. Parce qu'ils ont versé le sang de ceux qui t'appartiennent et de tes prophètes, tu leur as aussi donné à boire du sang. Ils reçoivent ce qu'ils méritent. Et j'entendis l'autel qui disait : - Oui, Seigneur, Dieu tout-puissant, tes arrêts sont conformes à la vérité et à la justice ! Le quatrième ange versa sa coupe sur le soleil. Il lui fut donné de brûler les hommes par son feu. Les hommes furent atteints de terribles brûlures, et ils insultèrent Dieu qui a autorité sur ces fléaux, mais ils refusèrent de changer et de lui rendre hommage. Le cinquième ange versa sa coupe sur le trône de la bête. Alors de profondes ténèbres couvrirent tout son royaume, et

---

[104] Euphrate, fleuve du sud-ouest de l'Asie mineure, d'une longueur de 2 700 km. Formé en Turquie, l'Euphrate traverse la Syrie et l'Irak avant de confluer avec le Tigre et de se jeter dans le golfe Arabo-Persique sous le nom de Chatt al-Arab. Historiquement, le fleuve est l'un des plus importants au monde. La vallée formée par le Tigre et l'Euphrate a été le berceau des anciennes civilisations d'Assyrie, de Babylone et de Sumer. Les cités de Babylone et d'Ur ont été construites sur les rives de l'Euphrate. De nombreuses villes et centres artistiques et littéraires se trouvaient sur ses rives au temps de l'Empire romain d'Orient. La plupart des données historiques relatives à cette période ont été fournies grâce aux fouilles archéologiques entreprises sur les rives du Tigre et de l'Euphrate.

« Mes enfants, la dernière heure a commencé. Vous avez appris qu'un « anti-Christ » doit venir. Or, dès à présent, beaucoup d'antichrists sont là. Voilà pourquoi nous savons que nous sommes entrés dans la dernière heure. »
1 Jean 2 :18

les hommes se mordaient la langue de douleur. Sous le coup de leurs souffrances et de leurs ulcères, ils insultèrent le Dieu du ciel, et ils ne renoncèrent pas à leurs mauvaises actions. Alors le sixième ange versa sa coupe dans le fleuve, l'Euphrate. Ses eaux tarirent, pour que soit préparée la voie aux rois venant de l'orient. [...] Le septième ange enfin versa sa coupe dans les airs. Une voix forte, venant du trône, sortit du Temple. C'en est fait, dit-elle. Alors, il y eut des éclairs, des voix et des coups de tonnerre, et un violent tremblement de terre ; on n'en avait jamais vu d'aussi terrible depuis que l'homme est sur la terre. La grande ville se disloqua en trois parties et les villes de tous les pays s'écroulèrent. Alors Dieu se souvint de la grande Babylone pour lui donner à boire la coupe pleine du vin de son ardente colère. Toutes les îles s'enfuirent et les montagnes disparurent. Des grêlons énormes, pesant près d'un quintal, s'abattirent du ciel sur les hommes ; et ceux-ci insultèrent Dieu à cause du fléau de la grêle, car il était absolument terrible. »
Apocalypse 16 : 1-12, 17-21.

- Le dragon rassemblera les nations pour la guerre d'Harmaguedon.

« Alors le sixième ange versa sa coupe dans le fleuve, l'Euphrate. Ses eaux tarirent, pour que soit préparée la voie aux rois venant de l'orient. Je vis alors sortir de la gueule du dragon, de celle de la bête et de la bouche du faux prophète, trois esprits impurs ressemblant à des grenouilles. Ce sont des esprits démoniaques qui accomplissent des signes miraculeux ; ils s'en vont trouver les rois du monde entier pour les rassembler pour le combat du grand jour du Dieu tout-puissant. Voici : je viens comme un voleur ! Heureux celui qui se tient éveillé et qui garde ses vêtements, afin de ne pas aller nu, en laissant apparaître sa honte aux yeux de tous ! Les esprits démoniaques rassemblèrent les rois dans le lieu appelé en hébreu Harmaguédon[105].*»* **Apocalypse 16 : 12-16**.

- Le cavalier sur un cheval blanc.

« Là-dessus, je vis le ciel ouvert et voici, il y avait un cheval blanc. Son cavalier s'appelle « Fidèle et Véritable ». il juge avec équité, il combat pour la justice. Ses yeux flamboient comme une flamme ardente. Sa tête est couronnée de nombreux

---

[105] C'est à dire montagne de Meguiddo, ville située au pied du mont Carmel, où de sanglantes batailles eurent lieu autrefois (Juges 5 : 19, 2 Rois 23 : 29). *Hadadrimmôn* : soit un site de la vallée de Meguiddo où le peuple de Juda a pleuré la mort du roi Josias (2 Chroniques 35 : 20 - 27)

« Mes enfants, la dernière heure a commencé. Vous avez appris qu'un « anti-Christ » doit venir. Or, dès à présent, beaucoup d'antichrists sont là. Voilà pourquoi nous savons que nous sommes entrés dans la dernière heure. »
1 Jean 2 :18

diadèmes. Il porte un nom gravé qu'il est seul à connaitre. Il est vêtu d'un manteau trempé de sang. Il s'appelle La Parole de Dieu[106]. Les armées célestes, vêtues de lin blanc et pur, le suivirent sur des chevaux blancs. De sa bouche sort une épée aiguisée pour frapper les nations. C'est lui qui sera leur berger car il les dirigera avec un sceptre de fer. Il va aussi écraser lui-même le raison dans le pressoir à vin de l'ardente colère du Dieu tout-puissant. Sur son manteau et sur sa cuisse est inscrit un titre : »Rois des rois et Seigneur des seigneurs. » **Apocalypse 19 : 11 - 16**

- <u>Toutes ces troupes seront détruites par Christ.</u>

« Le sixième ange sonna la trompette. J'entendis alors une voix sortant des quatre cornes de l'autel d'or qui se trouve devant Dieu. Elle disait au sixième ange qui tenait la trompette : - Libère les quatre anges qui sont enchaînés au bord du grand fleuve, l'Euphrate. On délia donc les quatre anges tenus prêts pour cette heure, ce jour, ce mois et cette année, afin qu'ils exterminent le tiers de l'humanité. Ils étaient deux cent millions de cavaliers. C'était leur nombre, tel que je l'entendis. Voici comment, dans la vision, je vis les chevaux et leurs cavaliers : ils portaient des cuirasses rouges feu, bleu turquoise et jaune soufre ; les têtes des chevaux rappelaient celles des lions et leur gueule crachait du feu, la fumée et le soufre, le tiers de l'humanité fut exterminé. Car le pouvoir des chevaux se trouvait dans leur gueule et dans leur queue. En effet, leurs queues ressemblaient à des serpents, elles étaient pourvues de tête qui leur servaient de nuire.» **Apocalypse 9 : 13-19**[107].

- <u>La capture de la bête et du faux prophète</u>

«Je vis la bête et les rois de la terre. Ils avaient rassemblé leurs armées pour combattre le Cavalier et son armée. La bête fut capturée et, avec elle, le faux prophète qui avait accompli des signes miraculeux pour le compte de la bête. Par ces miracles, il avait trompé les hommes qui portaient la marque de la bête et qui avaient adoré son image. Ils furent tous deux jetés vifs dans l'étang ardent de feu et de

---

[106] Voir Jean 1.1

[107] Zacharie 14 : 1-3

« Mes enfants, la dernière heure a commencé. Vous avez appris qu'un « anti-Christ » doit venir. Or, dès à présent, beaucoup d'antichrists sont là. Voilà pourquoi nous savons que nous sommes entrés dans la dernière heure. »
1 Jean 2 :18

soufre. Les autres hommes furent tués par l'épée qui sort de la bouche du Cavalier. Et tous les oiseaux se rassasient de leur chair. »

- La victoire de Christ

« Puis je vis un ange, debout dans le soleil, qui cria d'une voix forte à tous les oiseaux qui volent au zénith dans le ciel: - Venez, rassemblez-vous pour le grand festin de Dieu afin de dévorer la chair des rois, des chefs d'armées, des guerriers, la chair des chevaux et de leurs cavaliers, la chair de tous les hommes, libres et esclaves, petits et grands. » **Apocalypse 19 : 17**[108]

« Puis je vis un ange descendre du ciel. Il tenait à la main la clé de l'abîme et une grande chaîne. Il se saisit du dragon, de ce Serpent ancien qui est le diable et Satan. Il l'enchaîna pour mille ans. Il le précipita dans l'abîme qu'il ferma au-dessus de lui, en y mettant des scellés afin que le dragon ne puisse plus égarer les peuples avant le terme des mille ans. Après cela, il doit être relâché pour un peu de temps. » **Apocalypse 20 : 1-3**

▢ La dernière phase de la première résurrection

- La résurrection des martyrs en général. Ceux qui ont vécu pendant la période de grâce mais n'ont pas fait partie de l'Eglise enlevée. Les martyrs de la conscience et de la loi qui sont morts pour la parole de Dieu, les martyrs de la deuxième partie de la grande tribulation qui seront mis à mort parce qu'ils refuseront d'adorer la bête. Tous seront ressuscités à la fin de la tribulation et règneront avec Christ pendant mille (1000) ans.

« Ensuite je vis des trônes. On remit le jugement entre les mains de ceux qui y prirent place. Je vis aussi les âmes de ceux qu'on avait décapités à cause du témoignage rendu par Jésus et à cause de la Parole de Dieu. Je vis encore tous ceux qui n'avaient pas adoré la bête ni son image et qui n'avaient pas reçu sa marque sur leur front et leur main. Ils revinrent à la vie et régnèrent avec le Christ pendant mille ans. C'est la première résurrection. Les autres morts ne revinrent pas à la vie avant la fin des mille ans. Heureux et saints ceux qui ont part à la première résurrection. La seconde mort n'a pas de prise sur eux. Ils seront prêtres de Dieu et du Christ, et ils règneront avec lui pendant mille ans.» **Apocalypse 20 : 4-6.**

---

108 II Thessaloniciens 2 : 8-9.

« Mes enfants, la dernière heure a commencé. Vous avez appris qu'un « anti-Christ » doit venir. Or, dès à présent, beaucoup d'antichrists sont là. Voilà pourquoi nous savons que nous sommes entrés dans la dernière heure. »
1 Jean 2 :18

- L'apparition du Christ sur la terre

    - *« En ce jour-là, il posera ses pieds sur le mont des Oliviers, près de Jérusalem, du côté du levant. Le mont des Oliviers se fendra d'est en ouest en deux parties ; une immense vallée se creusera entre les deux. Une moitié du mont reculera au nord, l'autre moitié au sud. Et la vallée de mes montagnes sera comblée, car elle s'étendra jusqu'à Atsal.[109] Elle sera comblée, ce jour-là, comme elle a été comblée lors du tremblement de terre au temps d'Ozias, roi de Juda. Puis l'Eternel mon Dieu viendra, avec tous les saints anges. »* **Zacharie 14 : 4-5**[110]

- Le retour du Christ en gloire

    - *« En effet, quand le Fils de l'homme viendra, ce sera comme l'éclair qui jaillit du levant et illumine jusqu'au couchant. Où que soit le cadavre, là s'assembleront les vautours*[111]*. Immédiatement après ces jours de détresse, le soleil s'obscurcira, la lune perdra sa clarté, les étoiles tomberont du ciel, les puissances célestes seront ébranlées. C'est alors que le signe du Fils de l'homme apparaitra dans le ciel. Alors tous les peuples de la terre se lamenteront, et ils verront le Fils de l'homme venir sur les nuées du ciel avec beaucoup de puissance et de gloire. Il enverra ses anges rassemblé, au son des trompettes éclatantes, ses élus des quatre coins du monde, d'un bout à l'autre de l'univers. »* **Matthieu 24 : 27 – 31**[112]

---

[109] Site inconnu d'une localité à l'est de Jérusalem

[110] 1 Thessaloniciens 3 : 13

[111] C'est-à-dire que la venue du Fils de l'homme sera évidente pour tous et que nul n'échappera au jugement.

[112] Matthieu 24 : 39;

« Mes enfants, la dernière heure a commencé. Vous avez appris qu'un « anti-Christ » doit venir. Or, dès à présent, beaucoup d'antichrists sont là. Voilà pourquoi nous savons que nous sommes entrés dans la dernière heure. »
1 Jean 2 :18

- *« A minuit, un cri retentit : « Voici l'époux ! Allez à sa rencontre ! » […] c'est pourquoi, ajouta Jésus, tenez vous en éveil, car vous ne savez ni le jour, ni l'heure de ma venue. […] – Quand le Fils de l'homme viendra dans sa gloire, avec tous es anges, il prendra place sur son trône glorieux. Tous les peuples de la terre seront rassemblés devant lui. Alors il les divisera en deux groupes – tout comme le berger fait tri entre les brebis et les boucs. »* **Matthieu 25 : 6, 13, 31, 32**[113]

- *« Le jour où le Christ apparaitra, lui qui est votre vie, alors vous paraitrez, vous aussi, avec lui, en partageant sa gloire. »* **Colossiens 3 : 4**[114]

- *« Mes enfants, demeurez attachés au Christ pour qu'au moment où il paraitra, nous soyons remplis d'assurance et que nous ne nous trouvions pas tout honteux loin de lui au moment de sa venue. »* **1 Jean 2 : 28**

- <u>La venue du royaume de Christ</u>

« Le septième ange sonna de la trompette, et des voix retentirent dans le ciel : - Le royaume du monde a passé maintenant aux mains de notre Seigneur et de son Christ. Il règnera éternellement. Et les vingt-quatre vieillards qui siègent devant Dieu sur leurs trônes se prosternèrent la face contre terre, et adorèrent Dieu en disant : Seigneur Dieu tout-puissant qui est et qui étais, nous te disons notre reconnaissance car tu as mis en œuvre ton immense puissance pour établir ton règne. Les nations s'étaient soulevées dans leur fureur, mais ta colère est arrivée. L'heure est venue où tous les morts seront jugés et où tes serviteurs les prophètes, tous ceux qui te révèrent, petits et grands, seront récompensés. C'est aussi le moment où ceux qui détruisent la terre seront détruits. Alors s'ouvrit le Temple de Dieu qui est dans le

---

[113] Luc 12 : 39, 40 ; 21 : 27 – 28, 34 – 35 ; Actes 1 : 7, 10, 11

[114] 1 Pierre 5 : 4

« Mes enfants, la dernière heure a commencé. Vous avez appris qu'un « anti-Christ » doit venir. Or, dès à présent, beaucoup d'antichrists sont là. Voilà pourquoi nous savons que nous sommes entrés dans la dernière heure. »
1 Jean 2 :18

ciel, et le coffre de son alliance y apparut. Il y eut des éclairs, des voix, des coups de tonnerre, un tremblement de terre et une forte grêle. » **Apocalypse 11 : 15-19**[115]

- L'adoration.

« Et il arrivera que tous ceux qui subsisteront de toutes les nations qui seront venues attaquer Jérusalem, monteront tous les ans pour se prosterner devant le Roi, le Seigneur des armées célestes, et pour célébrer la fête des Cabanes. Si l'un des peuples de la terre refuse de monter jusqu'à Jérusalem pour adorer le Roi, le Seigneur des armées célestes, il ne recevra pas de pluie. Et si les Egyptiens ne montent pas, oui, s'ils refusent de venir, ils subiront aussi la plaie dont l'Eternel frappera tous les peuples qui ne monteront pas pour célébrer la fête des Cabanes. En ce jour-là, les grelots des chevaux porteront l'inscription : « Consacré à l'Eternel ». Et même les marmites dans le Temple de l'Eternel seront tout aussi saintes que les coupes placées devant l'autel. Et dans Jérusalem, et partout en Juda, les chaudrons seront tous consacrés au Seigneur, l'Eternel des armées célestes, et tous ceux qui viendront offrir des sacrifices les utiliseront pour y cuire la viande, et il n'y aura plus de marchands dans le Temple du Seigneur des armées célestes, en ce jour-là. » **Zacharie 14 : 16-21**[116]

« Le loup vivra avec l'agneau, la panthère paitra aux côtés du chevreau. Le veau et le lionceau et le bœuf à l'engrais seront ensemble, et un petit enfant les mènera au pré. Les vaches et les ourses brouteront côte à côte, et leurs petits auront un même gîte. Le lion et le bœuf se nourriront de paille. Le nourrisson s'ébattra sans danger près du nid cobra, et le tout jeune enfant pourra mettre la main dans l'antre du serpent. On ne commettra plus ni mal ni destruction sur toute l'étendue de ma montagne sainte. Car la terre sera remplie de la connaissance de l'Eternel comme les eaux recouvrent le fonds des mers. » **Esaïe 11 : 6 – 9**[117]

---

[115] Daniel 7 : 25 – 27 ; Zacharie 14 : 4 – 15 ; 1 Thessaloniciens 4 :14

[116] Zacharie 14 : 4, 9.

[117] Jérémie 23 : 5-6

« Mes enfants, la dernière heure a commencé. Vous avez appris qu'un « anti-Christ » doit venir. Or, dès à présent, beaucoup d'antichrists sont là. Voilà pourquoi nous savons que nous sommes entrés dans la dernière heure. »
1 Jean 2 :18

9. LA DESTRUCTION DE LA PUISSANCE DE SATAN

Le peu de temps qui lui sera accordé, il rassemblera les nations pour la guerre de Gog et Magog (Gog est vraisemblablement le prince, Magog le pays. Gog dans **Ezéchiel 38 : 2** « *Fils d'homme, tourne tes regards vers Gog au pays de Magog, prince suprême de Méchek et de Toubal ! Prophétise contre lui.* » Où il est appelé « le prince de Mechac et de Tibal. Le fait qu'il soit prince montre que Gog un conducteur, « Méchac et Tibal » sont deux villes importantes de l'empire Russe appelé actuellement Moscou et Tobolok. La bataille de Gog et Magog est finie, Satan est vaincu, il est jeté dans l'étang de feu et de soufre où il sera tourmenté éternellement : « *Lorsque les mille ans seront écoulés, Satan sera relâché de sa prison et il s'en ira tromper les nations des quatre coins de la terre, Gog et Magog*[118]. *Il les rassemblera pour le combat, en troupes innombrables comme les graines de sable au bord des mers. Les nations s'ébranlèrent sur toute la surface de la terre et investirent le camp du peuple de Dieu et la ville bien-aimée de Dieu. Mais un feu tomba du ciel et les consuma. Alors le diable, qui les trompait, fut jeté dans l'étang de feu et de soufre : il y rejoignit la bête et le faux prophète et ils y subiront des tourments, jour et nuit pendant l'éternité.* » **Apocalypse 20 : 7 - 10**

10. LE JUGEMENT DU GRAND TRONE BLANC ET LA DERNIERE RESSURECTION[119]

- Le jugement dernier et la dernière résurrection. Les autres morts ne reviendront pas à la vie jusqu'à ce que les mille (1 000) ans soient accomplis. Ce sont ceux que Jésus appelle les Brebis et les Boucs, c'est-à-dire les sauvés et les perdus. Ils ne ressuscitent qu'à la fin de mille (1 000) ans pour se présenter devant le Trône Blanc pour le Jugement final.

---

[118] Nom donné aux nations qui s'opposeront à la fin des temps au peuple de Dieu.

[119] Jude 14, 15

« *Mes enfants, la dernière heure a commencé. Vous avez appris qu'un « anti-Christ » doit venir. Or, dès à présent, beaucoup d'antichrists sont là. Voilà pourquoi nous savons que nous sommes entrés dans la dernière heure.* »
1 Jean 2 :18

« *Ensuite je vis un grand trône blanc et celui qui y était assis. Le ciel et la terre s'enfuirent loin de sa présence. Ils disparurent sans laisser de trace. Je vis les morts, les grands et les petits, comparaissant devant le trône. Des livres furent ouverts. On ouvrit aussi un autre livre : le livre de vie. Les morts furent jugés, chacun d'après ses actes, suivant ce qui était inscrit dans ces livres. La mer avait rendu ses naufragés, la mort et le royaume des morts avaient rendu ceux qu'ils détenaient. Et tous furent jugés, chacun conformément à ses actes. Puis la mort et le séjour des morts furent précipités dans l'étang de feu. Cet étang de feu, c'est la seconde mort. On y jeta aussi tous ceux dont le nom n'était pas inscrit dans le livre de vie.* » **Apocalypse 20 : 11-15**[120]

11. LE NOUVEAU CIEL ET LA NOUVELLE TERRE

- « *Puis je vis un ciel nouveau et une terre nouvelle, car le premier ciel et la première terre avaient disparu, et la mer n'existe plus. Je vis la ville sainte, la nouvelle Jérusalem, descendre du ciel, d'auprès de Dieu, belle comme une mariée qui s'est parée pour son époux. Et j'entendis une forte voix venant du trône, qui disait : voici la Tente de Dieu avec les hommes. Il habitera avec eux ; ils seront ses peuples et lui, Dieu avec eux sera leur Dieu. Il essuiera toute larme de leurs yeux. La mort ne sera plus et il n'y aura ni deuil, ni plainte, ni souffrance. Car ce qui était autrefois a définitivement disparu.* » **Apocalypse 20 : 1 – 4**

- La nouvelle Jérusalem, Epouse de l'Agneau.

« *Alors l'un des sept anges qui tenaient les sept coupes pleines des sept derniers fléaux vint me parler : - Viens, me dit-il, je te montrerai la Mariée, l'Epouse de l'Agneau. Il m'emmena en esprit sur une grande et haute montagne, d'où il me fit voir la ville sainte, Jérusalem, qui descendait du ciel d'auprès de Dieu. Elle rayonnait de la gloire divine. Son éclat rappelait celui d'une pierre très précieuse, celui d'un jaspe d'une transparence cristalline. […]Je ne vis aucun temple dans la ville : son temple, c'est le Seigneur, le Dieu tout-puissant, ainsi que l'Agneau. La ville n'a besoin ni du soleil, ni de la lune pour l'éclairer, car la gloire de Dieu l'illumine et l'Agneau lui tient lieu de lampe. […] Rien d'impur ne pourra y pénétrer. Nul homme qui se livre à des pratiques abominables et au mensonge n'y entrera.*

---

[120] Jean 5 : 28 – 29, Actes 24 : 15 ; Apocalypse 20 : 5 - 6

« Mes enfants, la dernière heure a commencé. Vous avez appris qu'un « anti-Christ » doit venir. Or, dès à présent, beaucoup d'antichrists sont là. Voilà pourquoi nous savons que nous sommes entrés dans la dernière heure. »
1 Jean 2 :18

Seuls y auront accès ceux qui sont inscrits dans le livre de vie de l'Agneau. » **Apocalypse 21 : 9, 10, 11 ; 22, 23, 27**

12. DIEU TOUT EN TOUS

« Puis viendra la fin, lorsque le Christ remettra la royauté à Dieu le Père, après avoir anéanti toute Domination, toute Autorité et toute Puissance hostiles. Il faut, en effet, qu'il règne jusqu'à ce que Dieu ait mis tous ses ennemis sous ses pieds. Et le denier ennemi qui sera anéanti, c'est la mort. Car, comme il est écrit : Dieu a mis toutes choses sous ses pieds. Mais quand l'Ecriture déclare : Tout lui a été soumis, il faut, de toute évidence, en excepter celui qui lui a donné cette domination universelle. Et lorsque tout se trouvera ainsi amené sous l'autorité du Christ ; alors le Fils lui-même se placera sous l'autorité de celui qui lui a tout soumis. Ainsi Dieu sera tout en tous. » **1 Corinthiens 15 : 24 – 28**

« Mes enfants, la dernière heure a commencé. Vous avez appris qu'un « anti-Christ » doit venir. Or, dès à présent, beaucoup d'antichrists sont là. Voilà pourquoi nous savons que nous sommes entrés dans la dernière heure. »
1 Jean 2 :18

CONCLUSION GENERALE

« L'ange me dit : - ces paroles sont vraies et entièrement dignes de foi. Dieu le Seigneur qui a inspiré ses prophètes, a envoyé son ange, pour montrer à ses serviteurs ce qui doit arriver bientôt. »
Apocalypse 22 : 6

« Que celui qui a des oreilles écoute ! »
Apocalypse 13 : 9

Voici ! Il vient au milieu des nuées, et tout le monde le verra et même ceux qui l'ont percé et toutes les familles de la terre se lamenteront à cause de lui. Oui amen !
« Moi je suis l'Alpha et l'Oméga » dit le Seigneur Dieu, celui qui est, qui était et qui vient, Le Tout-Puissant.
Apocalypse 1 : 7 - 8

« Mes enfants, la dernière heure a commencé. Vous avez appris qu'un « anti-Christ » doit venir. Or, dès à présent, beaucoup d'antichrists sont là. Voilà pourquoi nous savons que nous sommes entrés dans la dernière heure. »
1 Jean 2 :18

BIBLIOGRAPHIE

Ouvrages

- La ***Sainte Bible*** Version Semeur
- Dr J.E Church, ***Lumières Bibliques pour l'étude personnelle ou en groupe de la Bible***, Editions française, 1976, 152 p.
- Dictionnaire des mots bibliques.
- ***Manuel de l'Eglise de Dieu***, Edition Française, 1992, 138 p.
- Florence Braustein, Jean-François Pépin, ***La Culture générale pour les Nuls***, First Editions, 2009, 643 p.
- Jacques Attali, ***Demain qui gouvernera le monde ?***, Fayard, 2011, 418 p.

Recherches Internet

- icsresources.org
- la-question.net
- Microsoft ® Encarta ® 2009. Tous droits réservés.

Oui, je veux morebooks!

I want morebooks!

Buy your books fast and straightforward online - at one of the world's fastest growing online book stores! Environmentally sound due to Print-on-Demand technologies.

Buy your books online at
www.get-morebooks.com

Achetez vos livres en ligne, vite et bien, sur l'une des librairies en ligne les plus performantes au monde!
En protégeant nos ressources et notre environnement grâce à l'impression à la demande.

La librairie en ligne pour acheter plus vite
www.morebooks.fr

VDM Verlagsservicegesellschaft mbH
Heinrich-Böcking-Str. 6-8
D - 66121 Saarbrücken
Telefax: +49 681 93 81 567-9

info@vdm-vsg.de
www.vdm-vsg.de

www.ingramcontent.com/pod-product-compliance
Lightning Source LLC
Chambersburg PA
CBHW020052200426
43197CB00049B/460